GUIA ILUSTRADO DA BÍBLIA

J. Daniel Hayes
e J. Scott Duvall

GUIA ILUSTRADO DA BÍBLIA

J. DANIEL HAYES
e J. SCOTT DUVALL

1ª edição
Santo André – SP
2021

Título original: *The Baker Illustrated Bible Handbook.*
Publicado originalmente por Baker Publishing Group, USA.

Editores responsáveis
Maria Fernanda Vigon
Marcos Simas

Tradução
João Costa

Preparação de texto
Roberto Barbosa

Revisão
João Rodrigues
Marcelo Miranda
Nataniel Gomes
Ângela Baptista

Diagramação e capa
LET Design Brasil

Essa obra foi impressa no Brasil com a qualidade de impressão e acabamento Geográfica.

Todos os direitos desta obra pertencem à Geográfica Editora©2021.

Qualquer comentário ou dúvida sobre este produto escreva para produtos@geografica.com.br

---

H425g	Hays, J. Daniel
	Guia ilustrado da Bíblia / J. Daniel Hays e J. Scott Duvall. – Santo André : Geográfica, 2021.
	176p. ; il. ; 17x24cm
	ISBN 978-65-5655-133-3
	1. Bíblia. 2. Antigo Testamento. 3. Novo Testamento. 4. Guia. I. Título. II. Duvall, J. Scott.
	CDU 22.01

Catalogação na publicação: Leandro Augusto dos Santos Lima – CRB 10/1273

Sumário

O tema da Bíblia   7

Como a Bíblia é organizada?   9

Parte 1 – O Antigo Testamento

O Antigo Testamento: um panorama   11

Linha do tempo do Antigo Testamento   13

Mapas do Antigo Testamento   17

O Antigo Testamento livro por livro   21

Profecias messiânicas do Antigo Testamento   94

Entre os Testamentos   96

Parte 2 – O Novo Testamento

O Novo Testamento: um panorama   98

Linha do tempo do Novo Testamento   100

Mapas do Novo Testamento   103

O Novo Testamento livro por livro   107

As parábolas de Jesus   160

Os milagres de Jesus   162

Dicionário de pessoas no Antigo Testamento   165

Dicionário de pessoas no Novo Testamento   169

Créditos das imagens   173

O tema da Bíblia

Todos têm uma história para viver. Para os cristãos, duas questões surgem a respeito desse assunto: "Qual relato narra a real história sobre Deus, nosso mundo e a vida?" e "Minha história se alinha com a verdadeira história?". O que constitui uma narrativa básica é muito similar em novelas, programas de TV, filmes e peças teatrais. Normalmente, a história começa com as coisas indo bem. Os personagens são apresentados e temos as informações que formam o pano de fundo da narrativa. Tudo está bem (ou pelo menos estável) no início, mas então um problema, ou uma crise, ameaça o futuro dos personagens. Grande parte da história se dá em resolver esse problema (resolução de conflitos). Geralmente, durante esse período de resolução, as tensões chegam a um ponto crítico (o clímax), e o cerne do problema é resolvido. Finalmente (embora isso possa levar algum tempo), as coisas começam a funcionar a ponto de a vida não apenas ficar bem, mas tornar-se ótima. Quando não há um final feliz, a história é chamada de *tragédia*. As fases de uma grande história são resumidas da seguinte forma:

Abertura – o cenário e os personagens são apresentados
Problema – conflitos que ameaçam o bem-estar dos personagens
Resolução – resolvendo o problema
Clímax em meio à fase de resolução – drama mais intenso, seguido de uma solução no cerne do problema
Encerramento – as coisas se ajustando para os personagens

A Bíblia alega ser a história de Deus para todo o mundo. Nela, encontramos a grande história que melhor explica a realidade:

Abertura – Gênesis 1-2
Problema – Gênesis 3-11
Resolução – Gênesis 12 – Apocalipse 18
Clímax em meio à fase de resolução – vida, morte e ressurreição de Jesus Cristo
Encerramento – Apocalipse 19-22

Para colocar a grande história da Bíblia em um formato memorável, considere a linha do tempo abaixo:

Criação – A história começa com a criação do mundo e dos seres humanos (Gn 1-2).

Crise – Quando tentado por Satanás, o ser humano escolhe satisfazer a si mesmo e se rebelar [ou pecar] contra Deus. O pecado traz consequências desastrosas e mortais: dor, sofrimento, morte e separação de Deus (Gn 3-11).

Pacto – Deus começa a solucionar o problema do pecado ao escolher Abraão e estabelecer um pacto com ele, para que ele possa se tornar o pai de um povo que iria adorar a Deus. O Senhor quer fazer, a partir de Abraão, uma grande nação e usá-la para trazer o resto do mundo para um relacionamento de aliança com Deus (Gn 12, 15, 17).

Chamado – Gênesis conta a história dos patriarcas: Abraão, Isaque, Jacó (Israel) e José. Por meio de uma série de eventos, os patriarcas vão para o Egito, e seu pequeno grupo cresce, tornando-se uma nação que vem a ser escravizada. Deus usa Moisés para libertar seu povo do cativeiro no Egito, fazendo disso um padrão que prenuncia a definitiva libertação divina de seu povo da escravidão espiritual.

Mandamentos – Depois de Deus resgatar seu povo, o Senhor estabelece um pacto com ele (a aliança mosaica). Deus dá a Lei (resumida nos Dez Mandamentos) e chama seu povo à santidade. As expectativas de Deus para o povo da aliança são enunciadas no livro de Deuteronômio.

Conquista – Deus usa Josué para ajudar seu povo a tomar a Terra Prometida (Canaã).

Reino – O povo de Deus pede um rei. Samuel torna-se a conexão entre os juízes e os reis de Israel. O primeiro rei é Saul, seguido por Davi e Salomão.

Reino dividido – Depois de Salomão, uma guerra civil culmina na divisão do reino: Israel = Reino do Norte; Judá = Reino do Sul. Muitos reis surgem nesse período; alguns bons, mas a maioria é de reis maus.

Cativeiro – Porque o povo falhou, não adorando somente a Deus, eles encaram um terrível julgamento, incluindo a perda da terra prometida. Seus inimigos os fazem cativos. Israel é conquistada pelos assírios em 722 a.C., enquanto Judá é conquistada e tomada em cativeiro pelos babilônios por volta de 586 a.C.

Retorno ao lar – O povo, liderado por Zorobabel, Esdras e Neemias (538-430 a.C.), finalmente retorna do exílio.

Cristo (o clímax para a história) – Cerca de 400 anos depois, Deus envia seu Filho, Jesus Cristo, para salvar seu povo do pecado. Jesus anuncia a chegada do Reino de Deus por meio de seus ensinamentos e milagres. Sua morte e ressurreição formam o clímax para a história bíblica.

Igreja – Aqueles que aceitam Jesus como Salvador e Senhor tornam-se parte da igreja – o povo de Deus –, abrangendo judeus e gentios. Deus continua a usar seu povo para estender sua oferta de salvação a um mundo pecaminoso.

Consumação – Deus encerra a história com a vitória final sobre o mal. Aqueles que rejeitam Deus sofrerão o julgamento, enquanto aqueles que o aceitaram viverão com ele em um novo céu e uma nova terra. A promessa de Deus está cumprida (veja Ap 19-22 e 21.1-4).

A Bíblia é uma coleção de 66 livros, mas também funciona como um único livro. A grande narrativa da Bíblia responde às questões básicas da vida melhor do que qualquer outra história, porque ela é verdadeira. Nós podemos confiar nisso. Quando uma pessoa assume sua fé em Cristo, ela está basicamente dizendo: "Eu quero que a história de Deus se torne a minha história". Isso é conversão – acolher a grande narrativa das Escrituras como sua história pessoal.

Como a Bíblia é organizada?

A palavra "bíblia" vem do termo grego *biblia* (plural), que significa simplesmente "livros". Em 2Timóteo 4.13, Paulo pede a Timóteo para trazer seus "livros" (biblia) quando for visitá-lo na prisão. Nossa palavra "Bíblia" é usada no singular porque faz referência à coleção completa de 66 livros: 39 no Antigo Testamento (os livros sobre o relacionamento de Deus com Israel) e 27 no Novo Testamento (os livros sobre Jesus e a igreja em seus primórdios). Observar os livros como estão agrupados a seguir ajuda a entender como eles são organizados e quais seus conteúdos.

Pentateuco	Livros Históricos	Salmos	Livros de Sabedoria	Profetas Maiores
Gênesis	Josué	Salmos	Jó	Isaías
Êxodo	Juízes		Provérbios	Jeremias
Levítico	Rute		Eclesiastes	Lamentações
Números	1 e 2Samuel		Cântico dos Cânticos	Ezequiel
Deuteronômio	1 e 2Reis			Daniel
	1 e 2Crônicas			*Profetas Menores:*
	Esdras			Oseias
	Neemias			Joel
	Ester			Amós
				Obadias
				Jonas
				Miqueias
				Naum
				Habacuque
				Sofonias
				Ageu
				Zacarias
				Malaquias

Evangelhos	Histórico	Cartas de Paulo	Cartas Gerais	Apocalipse
Mateus	Atos	Romanos	Hebreus	Apocalipse
Marcos		1 e 2Coríntios	Tiago	
Lucas		Gálatas	1 e 2Pedro	
João		Efésios	1, 2 e 3João	
		Filipenses	Judas	
		Colossenses		
		1 e 2Tessalonicenses		
		1 e 2Timóteo		
		Tito		
		Filemon		

A palavra "testamento" vem da expressão latina *testamentum*, que traduz do hebraico e do grego as palavras que significam "aliança". Os cristãos aceitam tanto o Antigo como o Novo Testamento, enquanto os judeus que rejeitam Jesus como o Messias rejeitam a nova aliança ou Novo Testamento. No sentido bíblico, uma aliança se refere ao que Deus fez para estabelecer um relacionamento com os seres humanos. Ao longo do tempo, o termo "testamento" passou a se referir aos escritos que descrevem a aliança.

O ANTIGO TESTAMENTO

Um panorama

O Antigo Testamento é dividido em cinco partes: o Pentateuco, os Livros Históricos, os Salmos, os Livros de Sabedoria e os Profetas.

O Pentateuco

Os cinco primeiros livros da Bíblia (Gênesis, Êxodo, Levítico, Números e Deuteronômio) são frequentemente classificados como "Pentateuco" (os "cinco rolos" ou a coleção de cinco rolos). Nas Escrituras hebraicas, esses livros são chamados de "Torá", que significa "ensino" ou "instrução". Eles contam a história da criação do mundo por Deus, do pecado humano e a rebelião contra Deus, da aliança de Deus com Abraão, de Deus libertando seu povo da escravidão no Egito, da aliança com Moisés, das Leis de Deus para o seu povo e da jornada para a Terra Prometida. O último livro, Deuteronômio, expli-

Um rolo moderno da Bíblia Hebraica

ca as bênçãos e punições por obedecer ou rejeitar a aliança mosaica.

Os Livros Históricos

Os livros do Antigo Testamento, de Josué até Ester, são conhecidos como "livros históricos". O primeiro grupo de livros (de Josué até 2Reis) é conectado ao livro de Deuteronômio e continua a história do Pentateuco. Essencialmente, Deuteronômio encerra trazendo uma grande questão: "Israel seria fiel ao Senhor e suas Leis (a aliança mosaica)?" A trágica resposta é não, eles não permanecerão fiéis, e 2Reis termina com a destruição de Jerusalém e o exílio de Israel da terra prometida. O segundo grupo de livros históricos (de 1Crônicas até Ester) é escrito de uma perspectiva diferente. Esses livros focam aqueles que retornaram depois do exílio, encorajando-os a permanecerem fiéis ao Senhor.

Os Salmos

O livro de Salmos é único e não pode ser colocado em nenhuma outra categoria no Antigo Testamento. Ele é um livro de louvor, testemunho e lamento. Os Salmos foram (e são) usados tanto para a adoração pública como para a reflexão individual.

Os Livros de Sabedoria

Os livros de Sabedoria (Jó, Provérbios, Eclesiastes e Cânticos) lembram o povo de Deus da importância de ouvir, pensar, considerar e refletir. O propósito de tais livros é encorajar o desenvolvimento de um caráter piedoso e a habilidade de tomar decisões sábias nas mais variadas circunstâncias. O livro de Provérbios apresenta princípios básicos para a vida – coisas que são normalmente, ou geralmente, verdadeiras – enquanto os outros três livros tratam dos seguintes temas: quando o justo sofre (Jó), quando uma abordagem racional não traz todas as respostas para a vida (Eclesiastes) e sobre a "irracionalidade" do amor romântico (Cântico dos Cânticos).

Os Profetas

Depois de entrar na Terra Prometida, Israel não ouve as instruções de Deus e passa a seguir outros deuses. À medida que a nação entra em declínio, Deus envia profetas com uma mensagem final para seu povo: (1) vocês quebraram a aliança de Moisés cometendo idolatria, injustiça social e ritualismo religioso e precisam se voltar para a verdadeira adoração a Deus; (2) se vocês falharem em se arrepender, enfrentarão o julgamento; e (3) ainda há esperança além do julgamento – uma gloriosa e futura restauração para o povo de Deus e para as nações. Essa mensagem profética padrão é repetida por todos os profetas. Mas as pessoas continuam a se rebelar e enfrentar o julgamento, que vem na forma de duas invasões: os assírios, em 722 d.C., que destroem o Reino do Norte de Israel, e os babilônios, em 587/586 d.C., que destroem o Reino do Sul, de Judá, e a cidade de Jerusalém. Os profetas também prometem um tempo de restauração no futuro, incluindo uma nova aliança que envolveria todas as nações do mundo. Isso cumpre a promessa original de Deus para Abraão conforme registrado em Gênesis 12.3.

A localização exata do monte Sinai é desconhecida. Existem numerosas montanhas no deserto do Sinai que podem ser onde Deus apareceu para Moisés e Israel. O cume do monte mostrado na foto é chamado Jebel Musa ("Montanha de Moisés"), que alguns acreditam ser o monte Sinai.

Linha do tempo do Antigo Testamento

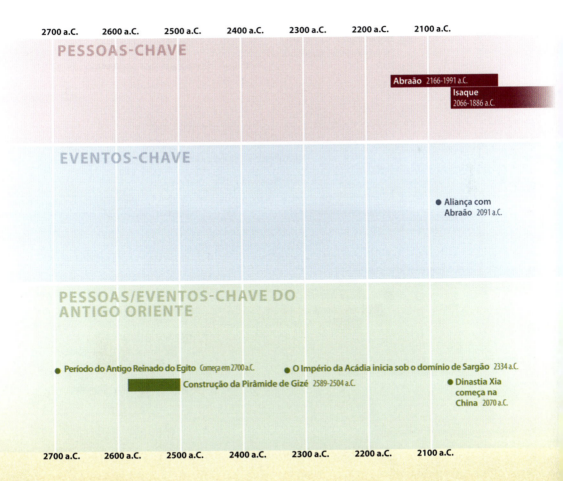

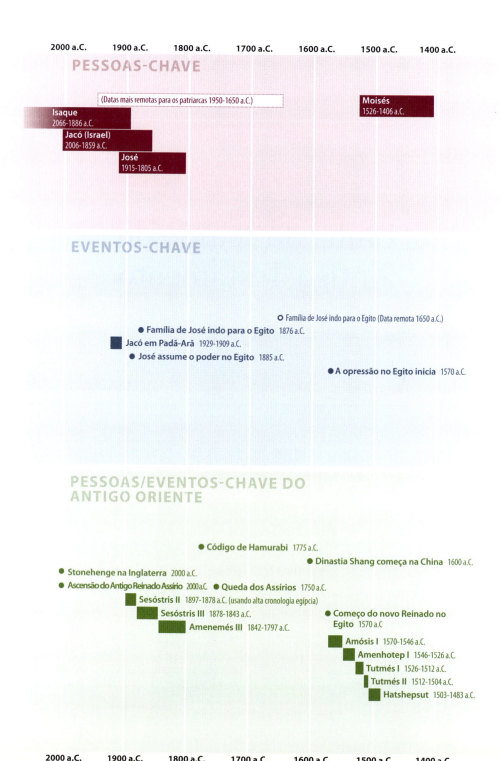

14   A linha do tempo do Antigo Testamento

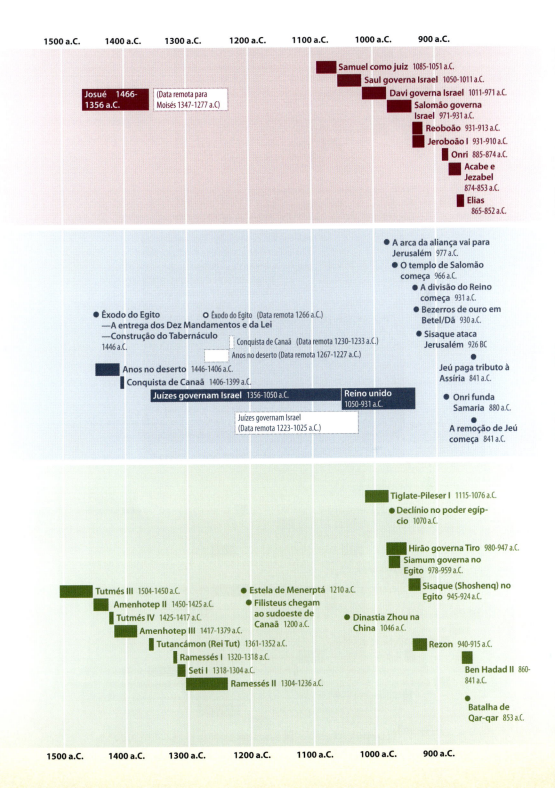

A linha do tempo do Antigo Testamento

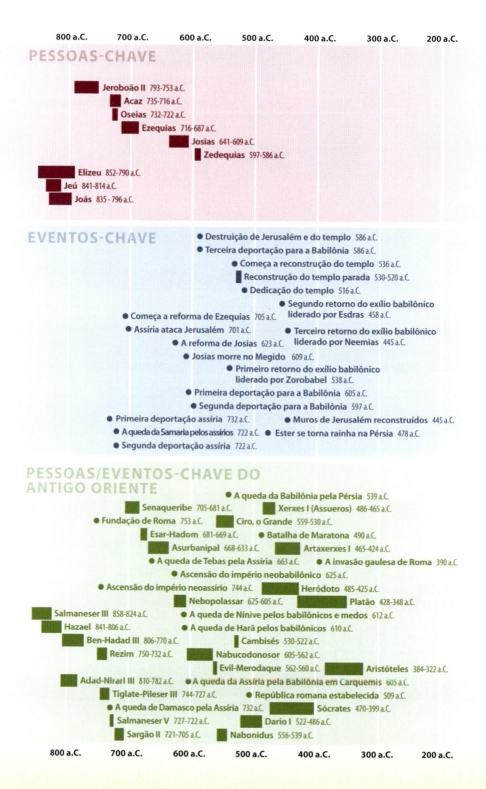

Mapas do Antigo Testamento

As viagens de Abraão

A distribuição tribal da Terra Prometida

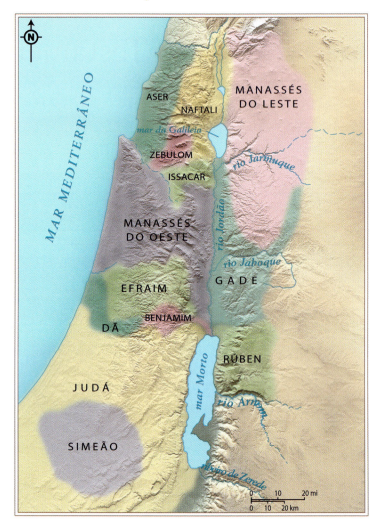

O reino dividido

A Terra Prometida foi divida em dois reinos: Israel e Judá.

O Império Babilônico

Mapas do Antigo Testamento

O Antigo Testamento livro por livro

Gênesis

Criação, pecado e aliança

Ensino central

Deus cria o mundo, expulsa Adão e Eva do jardim por causa da rebelião e do pecado deles e então começa a restaurar o relacionamento com pessoas por meio de sua aliança com Abraão, Isaque e Jacó.

Versículo para memorizar

No princípio, Deus criou os céus e a terra.
Gênesis 1.1

Cenário

O capítulo de abertura de Gênesis situa-se no princípio dos tempos. Não sabemos exatamente onde o Jardim do Éden estava localizado, mas provavelmente ficava na Mesopotâmia. A história de Abraão (Gn 12) começa na Mesopotâmia. As datas sugeridas para a narrativa de Abraão variam entre 2000 e 1800 a.C. Abraão emigra para Canaã, passa um curto período de tempo no Egito e então retorna a Canaã. Mais tarde, Jacó (neto de Abraão) se muda para o Egito, e Gênesis termina com sua família vivendo naquela localidade.

Mensagem

Deus traz as pessoas à existência, abençoando-as com a vida e dando a oportunidade de conhecê-lo pessoalmente. Mas, nós arruinamos tudo, pecando contra Deus, rejeitando-o e também as suas bênçãos. Tal atitude nos separa de Deus e resulta em morte. Deus, entretanto, trabalha para restaurar nosso relacionamento com ele – um relacionamento que proporciona vida.

Essa é a história de Gênesis e, de fato, a história da Bíblia como um todo. É também a minha e a sua história.

Em Gênesis 1–2, a história começa com a criação de Deus. Deus cria um maravilhoso jardim e coloca a humanidade nesse lugar, onde eles poderiam desfrutar de íntima comunhão com o Criador. Como a humanidade reage a essa bênção maravilhosa? Gênesis 3–1 narra uma série de trágicos eventos, ilustrando como as pessoas pecam e se rebelam repetidamente, o que causa separação entre elas e Deus, conduzindo-as à morte. Em Gênesis 11 a situação do mundo é sombria. O que acontecerá? Como a humanidade será salva e terá sua comunhão com Deus restaurada?

Gênesis 12 apresenta a resposta e começa a vibrante história da redenção. Deus faz uma aliança com Abraão em Gênesis 12, 15 e 17. É a aliança abraâmica que proporciona a estrutura para o desdobramento do plano divino de salvação para todos no mundo que creem. O

Visão da África e do Oriente Médio a partir de um satélite no espaço.

Neguebe, uma das regiões para a qual Abraão viajou e viveu.

cumprimento da aliança abraâmica conduz a história por todo o Antigo Testamento e até mesmo no Novo Testamento.

As promessas dessa aliança perpassam de Abraão para Isaque e para Jacó e por todos os capítulos de Gênesis. O livro encerra com Jacó e seus doze filhos morando no Egito, com grande parte das promessas dadas a Abraão ainda não cumpridas.

Esboço
- A criação do mundo, das pessoas e do jardim (1.1–2.25)
- O paraíso perdido: pecado, morte e separação de Deus (3.1–11.32)
- A resposta de Deus ao pecado humano: libertação por intermédio da aliança abraâmica (12.1–50.26):

– Abraão: a promessa e a obediência da fé (12.1–22.24);
– Isaque: continuidade da promessa patriarcal (23.1–25.18);
– Jacó: a luta e o início das doze tribos de Israel (25.19–36.43);
– José: fidelidade e soberana libertação divina (37.1–50.26);

Acontecimentos mais importantes
- Gênesis responde à grande questão da vida: Por que estou aqui? Quem me trouxe à existência? O que é a vida?;
- Gênesis conta a história da criação;
- Deus cria o homem e a mulher e institui o casamento;
- Deus faz uma aliança com Abraão que impacta todo o resto da Bíblia.

Conexões
Gênesis é a introdução não apenas do Antigo Testamento, mas também de toda a Bíblia. A história deste livro é representativa tanto para Israel como para todos os povos. Deus cria um bom lugar para as pessoas viverem, onde elas podem ter um relacionamento íntimo com ele. Essas pessoas, entretanto, repetidamente rebelam-se e pecam contra Deus, o que resulta em separação e morte. Essa é a história da humanidade. Deus, em sua grande misericórdia, proporciona um meio de salvação, uma história que começa em Gênesis 12 com Abraão, chega ao clímax no Novo Testamento com Jesus Cristo e culmina na consumação final em Apocalipse 21–22 com a recriação de um novo céu e uma nova terra.

Êxodo

Libertação e presença de Deus

Ensino central
Deus liberta Israel da escravidão no Egito e estabelece uma aliança com seu povo, habitando no meio deles, no tabernáculo.

Versículo para memorizar
> Deus respondeu a Moisés: "Eu Sou o que Sou. Diga ao povo de Israel: Eu Sou me enviou a vocês".
> Êxodo 3.14

Cenário
O livro de Êxodo começa no Egito e termina no deserto do Sinai. Os nomes dos faraós egípcios envolvidos não são informados, então não há um consenso exato a respeito do período do êxodo (1446 a.C. ou 1270-1260 a.C.). O livro se conecta ao final de Gênesis, continuando a história dos descendentes de Abraão. Centenas de anos passaram, e o novo faraó que assume o trono não tem ideia de como José salvou o Egito (Gn 41). Cumprindo a promessa de Abraão, os israelitas se proliferaram a ponto de ameaçarem os egípcios. Os israelitas ainda não têm sua própria terra, e isso é um aspecto crítico da promessa de Deus para Abraão. O cumprimento da "terra da promessa" para Abraão conduz a narrativa bíblica de Êxodo para Josué, onde ela finalmente é realizada.

Mensagem

A mãe de Moisés o esconde nos juncos ao longo das margens do rio Nilo. Na foto, é mostrada a parede do túmulo de um caçador de pássaros egípcio nos juncos ao longo do Nilo (1400 a.C.).

A mensagem de Êxodo pode ser vista por intermédio destes três temas centrais inter-relacionados:

1. Deus liberta seu povo e o tira do Egito. A mensagem fundamental de Êxodo é que Deus salva e liberta seu povo. Por todo o resto do Antigo Testamento, o evento do êxodo se torna a imagem primária da salvação.

2. Quando Deus liberta Israel, ele age de tal forma que todos "sabem" e reconhecem seu poder. Aqueles que confiam em Deus conhecerão sua salvação. Os que o desafiam conhecerão seu julgamento. De uma forma ou de outra, todos conhecerão Deus. Não existe meio-termo e nenhuma forma de ignorá-lo.

Os deuses do antigo Oriente Próximo, onde frequentemente eram retratados como bezerros de ouro. Aqui, vemos um Ápis de bronze do Egito.

A Grande Esfinge de Gizé, no Egito.

3. Um aspecto crítico da aliança que Deus estabelece com os filhos de Israel depois de resgatá-los do Egito é que ele habitará no meio deles. A presença de Deus é o maior tema por todo o livro. Toda a segunda metade de Êxodo (Êx 25-40) lida com a construção do tabernáculo, onde a presença de Deus irá habitar.

Esboço
- Libertação do Egito (1.1–15.21);
- Inauguração da aliança no Sinai (15.22–24.18);
- Eu habitarei no meio de vocês: o tabernáculo e a presença de Deus (25.1–40.38).

Acontecimentos mais importantes
- Deus aparece várias vezes em Êxodo como um dos personagens principais;
- Êxodo contém uma alta concentração de ações milagrosas e aparições de Deus;
- Deus entrega os Dez Mandamentos em Êxodo;
- A Páscoa é descrita pela primeira vez em Êxodo;
- Ironicamente, Êxodo também contém uma das mais trágicas e rebeldes ações de Israel contra Deus (o episódio do bezerro de ouro em Êx 32).

Conexões
Os temas centrais de Êxodo ecoam por toda a Bíblia e estão firmemente entrelaçados na mais básica teologia Cristã. No Antigo Testamento, os eventos relatados em Êxodo tornam-se o paradigma (ou modelo) do que é a salvação. O evento do êxodo é para o Antigo Testamento o que a cruz é para o Novo Testamento. A história da libertação que Deus promove no Êxodo modela o pensamento teológico de todo o Antigo Testamento a respeito do caráter de Deus e da natureza de sua graciosa salvação. Em todo o resto do Antigo Testamento, a maneira favorita de Deus identificar-se a si mesmo para o seu povo se dá por meio da repetida frase: "Eu sou o SENHOR, o teu Deus, que te tirou do Egito" (Êx 20.2). De igual modo, Êxodo salienta a importância da presença de Deus, um tema bíblico central que percorre toda a Bíblia, do começo ao fim.

Levítico

Seja santo porque eu sou santo

Réplica de um altar em Berseba.

Ensino central

O livro de Levítico ensina aos israelitas como se achegar e adorar ao santo e grandioso Deus, que os resgatou do Egito e agora vive em seu meio.

Versículo para memorizar

> Não procurem se vingar nem guardem rancor de alguém do seu povo, mas cada um ame o seu próximo como a si mesmo. Eu sou o Senhor.
> Levítico 19.18

Cenário

Em Êxodo, Deus, de forma espetacular, põe fim à escravidão dos israelitas no Egito. No monte Sinai, ele estabelece uma aliança com o povo, cujo componente crítico é a promessa de que sua presença habitaria no meio deles. Assim, toda a unidade final de Êxodo (25–40) descreve como construir o tabernáculo, o lugar onde Deus habitaria entre eles. Levítico é uma sequência lógica para esses capítulos finais de Êxodo, pois descreve os procedimentos que seriam adotados no tabernáculo para adorar a Deus. Tenha em mente que os israelitas estavam em seu caminho para Canaã, onde deveriam se estabelecer e colocar em prática os princípios de Levítico, para a adoração e comunhão com Deus, mesmo que a influência da adoração pagã em Canaã fosse muito forte. Grande parte do livro está concentrada em refutar as práticas pagãs e reorientar toda a cosmovisão de Israel para o Deus de Abraão, que os libertou do Egito.

Mensagem

Se o santo e grandioso Deus está vindo habitar no meio deles no tabernáculo (Êx 25-40), como isso mudará suas vidas? Como um povo pecador pode sobreviver com um santo e grandioso Deus habitando entre eles? Como devem abordá-lo? Qual é a maneira apropriada de louvar a Deus e agradecer-lhe por suas bênçãos? Como o pecado pode ser encoberto de modo a não romper o relacionamento com Deus? Levítico responde a essas questões. O livro acentua que *tudo* na vida do povo mudaria porque agora – com a santa presença de Deus habitando no meio deles –- todo o seu pensamento e ação girariam em torno do que é santo e do que é puro. Dentro desse contexto, quatro temas primários se desenrolam por todo o livro: (1) a presença de Deus, (2) santida-

Um altar de incenso na cidade de Arad.

de, (3) o papel do sacrifício e (4) como adorar e viver dentro da aliança.

Esboço

➢ Sacrifícios para a adoração individual (1.1–7.38);

➢ A instituição e limitações do sacerdócio (8.1–10.20);

➢ A questão dos impuros e seu tratamento (11.1–15.33);

➢ O dia da expiação (sacrifício pela nação) (16.1-34);

➢ Leis para um viver santo (17.1–25.55);

➢ Recompensas e castigos da aliança (26.1-46);

➢ Dedicação das ofertas (27.1-34).

Acontecimentos mais importantes

• Levítico ilustra a prática do sacrifício, o que é essencial para a compreensão da teologia neotestamentária da cruz;

• A descrição do dia da expiação;

• O livro nos ensina como Deus é sério a respeito de manter coisas santas separadas de coisas profanas;

• Em quatro ocasiões, vemos a seguinte frase sendo repetida: "Sejam santos, porque eu sou santo" (11.44, 45; 19.2; 20.26);

• Levítico contém o segundo grande mandamento: "Ame cada um o seu próximo como a si mesmo" (19.18).

Conexões

Em Levítico aprendemos sobre sacrifício substitutivo e expiação, conceitos que encontram sua aplicação definitiva na crucificação de Jesus Cristo. Do mesmo modo, o livro enfatiza as questões envolvendo elementos puros/impuros e sagrados/profanos, pontos essenciais para amadurecer a vida cristã. Jesus pontua a distinção entre compreender tais questões e entender o verdadeiro significado relacionado ao que está no coração (Mt 15.1-20; Mc 7.1-23). De forma similar, embora não sejamos salvos pelas obras, somos chamados a viver de maneira santa (1Pe 1.15-16). Os rituais de Levítico forçam os israelitas a ver toda a vida em termos de puro/impuro e sagrado/profano. Nós podemos aprender com isso. Temos o Deus santo habitando dentro de nós (1Co 3.16-17; Ef 2.22) em vez de habitar no tabernáculo. Assim, devemos ser ainda mais conscientes do que os antigos israelitas foram em Levítico a respeito da nossa necessidade de santidade.

Suporte para incenso; feito de terracota, 1850-1250 a.C.

Números

Trilhando o longo caminho para a Terra Prometida

Ensino central
Como uma geração desobediente de israelitas rejeitou a graciosa Terra Prometida por Deus e pereceu no deserto, ele levantou uma nova e mais obediente geração para herdar e ocupar a Terra Prometida.

Versículo para memorizar
Que o Senhor o abençoe e o proteja.
Que o Senhor olhe para você com favor e lhe mostre bondade.
Que o Senhor se agrade de você e lhe dê paz.
Assim, Arão e seus filhos colocarão meu nome sobre os israelitas, e eu mesmo os abençoarei.
Números 6.24-27

Cenário
Em Êxodo, Deus liberta os israelitas da escravidão no Egito e os conduz ao monte Sinai, onde estabelece uma aliança com eles. A lei é dada ao povo, bem como as instruções sobre como construir o tabernáculo. Levítico explica como Israel deveria viver à luz do fato de ter Deus habitando no meio deles. Números capta a história de Êxodo. Quando o livro abre, Israel ainda está no monte Sinai, no segundo ano da jornada do êxodo. O cenário para os eventos em Números se configura ao lado da jornada do monte Sinai até a Terra Prometida, embora os israelitas peguem um "desvio" na rota.

A nova esposa de Moisés é uma cuxita (Nm 12.1). Pintura em um muro egípcio, datada da época de Thutmose IV (1400-1390 a.C.), descreve cuxitas trazendo tributo ao faraó.

Mensagem
Incrivelmente, quando Deus traz os israelitas recentemente resgatados para a Terra Prometida, eles falam com Moisés que não querem

Visão aérea do deserto do Sinai, onde Israel vagou por quarenta anos.

isso se tiverem que se empenhar pela fé nessa ocupação. Em Êxodo 16.3, os israelitas essencialmente dizem a Deus: "Preferíamos ter morrido no deserto!" "Tudo bem", disse Deus. "Vão para o deserto e morram" (paráfrase nossa). Deus conduz o povo de volta para o deserto e permite que aquela geração rebelde seja dizimada. Então ele toma a próxima geração, formada por um povo mais obediente, e a conduz de volta à Terra Prometida. O contraste entre essas duas gerações é imenso, e a transição da desobediência para a obediência é uma característica crucial no livro. Os dois grandes recenseamentos (nos capítulos 1 e 26) identificam e apresentam essas duas gerações. Números 1-25 descreve a antiga e desobediente geração como caracterizada pela murmuração, dúvida, rebelião e morte. Números 26-36 lida com uma nova geração, e os temas mudam para fé, esperança e vida.

Além disso, a evidência de que Deus ainda está cuidando do seu povo e permanece fiel à aliança firmada com Abraão marca todo o livro. Por exemplo, quando Balaão tenta amaldiçoar Israel, Deus intervém e proíbe isso (Nm 22-25). Além disso, por todo o livro de Números, Deus interage com os israelitas frequentemente, suplementando as leis de Êxodo e Levítico e exortando seu povo a confiar nele para libertá-los dos inimigos que surgem em meio à sua jornada.

Esboço

> A geração desobediente (1.1–25.18):
> – Um início esperançoso: Deus organiza Israel (1.1–10.10);
> – Israel faz o impensável – eles rejeitam a Terra Prometida (10.11–14.45);
> – Israel vaga pelo deserto (15.1–22.1);
> – Encontrando Balaão e Moabe: Deus ainda protege seu povo (22.2–25.18).

> A geração obediente (26.1–36.13):
> – Transição geracional – o censo, filhas e líderes (26.1–27.23);
> – Lembrança da adoração, santidade e fidelidade (28.1–30.16);
> – Conclusão do desafio de Balaão (31.1-54);
> – Preparando para entrar na terra (32.1–36.13).

Acontecimentos mais importantes

- Moisés casa com uma mulher de Cuxe, uma nação africana ao sul do Egito;
- Os israelitas rejeitam a Terra Prometida e vagam no deserto por quarenta anos;
- A mula de Balaão fala com ele;
- Moisés destrói completamente os midianitas.

Conexões

Números nos fornece uma rica ilustração de como a rebelião contra Deus pode significar um caminho tão negativo para toda a vida de uma pessoa. As consequências podem ser severas. Sem arrependimento, uma pessoa pode passar o resto da sua vida no deserto, indo para lugar nenhum. Felizmente, a Bíblia nos diz que se nos arrependermos e nos voltarmos para Deus, ele nos restaurará e terá comunhão conosco outra vez. Mas como Paulo adverte em 1Coríntios 10.1-13, Cristo nos chama para a obediência, não para a rebelião e desobediência.

Este amuleto de prata do século 7 a.C. está inscrito com a bênção sacerdotal de Números 6.24-26. Este é o fragmento mais antigo de um texto bíblico.

Deuteronômio

O *contrato entre Deus e Israel*

Ensino central

O livro de Deuteronômio é um contrato entre Deus e Israel. Isso define os termos pelos quais Israel pode viver na Terra Prometida com Deus habitando entre eles e os abençoando.

Versículo para memorizar

Ouça, ó Israel! O Senhor, nosso Deus, o Senhor é único!
Ame o SENHOR, seu Deus, de todo o seu coração, de toda a sua alma e de toda a sua força.
Deuteronômio 6.4-5

Cenário

O livro de Números relata a impensável história de como os israelitas rejeitam a Terra Prometida e como essa geração é enviada de volta para o deserto, onde vagam por quarenta anos até morrerem.

Em Deuteronômio, a nova geração de israelitas está na entrada da Terra Prometida. Eles estão acampados nas planícies de Moabe e prestes a atravessar o Jordão e conquistar a Terra Prometida.

Mensagem

Deuteronômio é feito de uma série de discursos proferidos por Moisés, quando Israel está prestes a entrar na Terra Prometida, cumprindo, assim, a promessa que foi dada ao seu antepassado Abraão. Em outras palavras, o livro de Deuteronômio define os termos pelos quais Israel pode viver na Terra Prometida com Deus habitando

Um deus cananeu, provavelmente El. Idolatria foi a mais séria violação da aliança.

entre eles e os abençoando. Essa é uma graciosa oferta de Deus, baseada em seu profundo amor por seu povo. Deus é muito específico sobre como seu povo se relaciona com ele e recebe suas irresistíveis bênçãos. Deus claramente afirma que ele (como Criador, Provedor e Rei) é aquele que dita os termos desse relacionamento. Deus é também extremamente claro e inequívoco sobre sua seriedade e sobre o fato de que eles devem adorar somente a ele. Da mesma forma, é muito claro sobre como é importante para ele a forma como seu povo se relaciona entre si, em comunidade. Se o povo de Deus mantiver esses termos (isto é, as Leis em Deuteronômio), tremendas bênçãos virão sobre eles. Por outro lado, Deus adverte que se eles ignorarem ou desobedecerem a Deuteronômio, abandonando a aliança que têm com Deus, terríveis consequências acontecerão, incluindo a perda da Terra Prometida (Dt 28).

Esboço

➢ O primeiro discurso de Moisés: uma revisão do recente relacionamento entre Deus e Israel (1.1–4.43);
➢ O segundo discurso de Moisés: os termos da aliança (como Israel deve viver na terra) (4.44–28.68);
➢ O último discurso de Moisés: a renovação da aliança (29.1–30.20);
➢ O pós-escrito: mantendo a aliança durante a transição de liderança de Moisés para Josué (31.1–34.12)

Acontecimentos mais importantes
- Deuteronômio é um dos livros do Antigo Testamento mais citados no Novo Testamento;
- Deuteronômio contém os Dez Mandamentos;
- Deuteronômio enfatiza a importância da adoração somente a Deus;
- Deuteronômio demanda que o povo de Deus ame e cuide de todos na comunidade, especialmente aqueles que não podem cuidar de si mesmos.

Conexões

Deuteronômio volta nosso olhar para os profetas e para o Novo Testamento, apresentando-nos a incontestável realidade de que os israelitas (e nós também) são incapazes de obedecer à lei de Deus; o resultado disso é que eles encontram a si mesmos sob o juízo de Deus. A única esperança dos israelitas repousa na graça de Deus e na fidelidade de sua promessa para Abraão, bem como em sua promessa de uma nova e melhor perspectiva para o futuro. No Novo Testamento, o apóstolo Paulo explica isso muito claramente, sublinhando que Deuteronômio demonstra a necessidade da vinda de Jesus e de sua morte e ressurreição.

Porções de trinta manuscritos de Deuteronômio, que foram encontrados entre os Manuscritos do mar Morto.

Monte Nebo. Moisés viu a Terra Prometida desta montanha (Dt 34.1).

Josué

Conquistando a Terra Prometida

Ensino central

Capacitado por Deus, Josué lidera os israelitas para conquistar e tomar posse da terra que havia sido prometida a Abraão.

Versículo para memorizar

Quanto a mim, eu e minha família serviremos ao Senhor.
Josué 24.15

Cenário

O livro de Josué é uma continuação da história do Pentateuco. Em Gênesis, Deus faz uma aliança com Abraão, prometendo-lhe uma terra, numerosos descendentes e bênçãos. Essa promessa dirige a história de Gênesis até Josué. No começo de Êxodo, a população de israelitas cresceu, mas eles estavam em cativeiro (sem as bênçãos) e sem a posse da terra. A história que se desenrola de Êxodo a Josué é sobre Deus libertando os israelitas, abençoando-os com sua poderosa presença e a aliança de

No oeste de Jericó estavam as ingremes montanhas que mais tarde seriam conhecidas como o deserto da Judeia.

Moisés. Deus concede aos israelitas a terra que fora prometida a Abraão. Entretanto, o livro de Josué é uma dramática conclusão de uma longa e dolorosa jornada. Finalmente, os israelitas estão adentrando na Terra Prometida, expulsam os cananeus, tomam posse desse maravilhoso lugar e vivem pacificamente.

Mensagem

A narrativa da ação no livro de Josué é sobre a conquista, distribuição e tomada de posse da Terra Prometida. A narrativa teológica é similar a de Êxodo, Números e Deuteronômio: obediência e confiança em Deus resultam em libertação, vitória e bênção, enquanto desobediência resulta em trágica derrota, juízo e no início de maldições. No cerne do livro de Josué está a proclamação de que Deus é fiel à sua promessa. Ele dá a Israel apenas a terra de Canaã, exatamente como prometera ao seu antepassado Abraão.

Subtemas importantes se desenvolvem por todo o livro. Intimamente relacionada com os temas da "promessa" e da "bênção", está a promessa do "descanso". Depois de vagarem por anos e constantemente travarem guerra, os israelitas serão capazes de se estabelecer em suas próprias terras e criar suas famílias em paz. Outro importante subtema emerge do extenso episódio envolvendo Raabe (Js 2) e Acã (Js 7): a inclusão do povo de Deus é baseada na confiança e na fé em Deus, não na etnia hebreia. Um último subtema no livro é a súbita e sutil lembrança de que os israelitas não são com-

32   O Antigo Testamento livro por livro

Uma visão aérea das ruínas arqueológicas em Jericó.

pletamente bem-sucedidos na expulsão dos cananeus, algo que voltaria à tona para assombrá-los no livro de Juízes.

Esboço

- A bem-sucedida conquista da Terra Prometida (1.1–18);
- Um teste: Jericó (2.1–7.26);
- De volta aos trilhos da história: a captura de Ai e o retorno ao compromisso para com a aliança (8.1-35);
- A conquista do resto de Canaã (9.1–12.24);
- A distribuição da Terra Prometida (13.1–21.45);
- O fim do conflito entre as tribos (22.1-34);
- A renovação da aliança (23.1–24.33).

Acontecimentos mais importantes

- Em um livro sobre a aniquilação de todos os cananeus, a primeira história de destaque é sobre a libertação e salvação da prostituta cananeia Raabe;
- O livro de Josué contém a vibrante história da queda dos muros de Jericó;
- Deus abre um caminho no rio Jordão, permitindo que Israel o atravesse sem molhar os pés, assim como ele abriu o mar Vermelho no livro de Êxodo;
- Em um livro repleto de guerras, o objetivo temático é o "descanso".

Conexões

Em contraste com a constante murmuração e desobediência dos israelitas, que caracterizaram a história em Êxodo e Números, os israelitas, em Josué, geralmente obedecem a Deus (e a seu servo Josué). Tal obediência resulta em bênçãos tremendas, um ensino básico repetido por Deus e Moisés ao longo de Êxodo, Números e Deuteronômio. Para nós, o Novo Testamento é claro em mostrar que somos salvos pela fé e não por atos de obediência, mas Jesus ainda enfatiza a importância da obediência ao seu ensino e as bênçãos resultantes de tal atitude (veja especialmente João 14 e 15).

Juízes

Tornando-se como os cananeus

Brincos de ouro. Cada um dos soldados de Gideão oferece-lhe um brinco de ouro que eles tomaram dos ismaelitas mortos.

Ensino central

Os israelitas na Terra Prometida desobedecem a Deus, desviando-se para a idolatria, tornando-se, progressivamente, mais e mais como os cananeus pagãos que deveriam expulsar da terra.

Versículo para memorizar

O Senhor disse a Gideão: "Você tem guerreiros demais. Se eu deixar todos vocês lutarem contra os midianitas, Israel se vangloriará diante de mim, dizendo que se libertou por sua própria força. Juízes 7.2

Cenário

Por todos os livros de Êxodo, Números e Deuteronômio, Deus adverte os israelitas de que, se eles o abandonarem, voltando-se para os ídolos, ele virá puni-los e bani-los da terra. No livro de Josué, Israel adentra na Terra Prometida, derrotando todas as grandes potências locais. Os líderes da geração de Josué, que entraram primeiro na terra, permaneceram fiéis a Deus durante toda a vida. Juízes retoma a história de onde o livro de Josué a deixa, onde a primeira geração que habita na Terra Prometida deixa a cena. Nas gerações seguintes, o comportamento e a obediência dos israelitas mudarão drasticamente.

Mensagem

O propósito de Juízes é mostrar a falha de Israel em manter a aliança de Moisés (Êxodo, Levítico, Números e Deuteronômio), depois de Deus ter lhes concedido a Terra Prometida. Juízes pinta uma imagem trágica de um rápido e vertiginoso declínio, tanto teológico quanto moral. Repetindo um terrível ciclo, o povo peca e desvia-se de Deus, o que resulta em uma nação estrangeira que os arruína e oprime. Deus, em sua misericórdia e graça, envia um juiz para libertá-los. O povo, no entanto, desvia-se de Deus novamente, apenas para ser conquistado e oprimido mais uma vez. Deus envia outro juiz para libertá-los, e o padrão se repete. Porém, ao desenrolar da história as coisas parecem piorar. Muitos dos juízes estão contaminados de alguma forma e não medem o seu comportamento. Além disso, os israelitas não apenas falham em expulsar todos os cananeus, mas rapidamente tornam-se como eles, servindo a deuses pagãos e adotando a sua moralidade. No fim do livro a situação é desastrosa: um sacerdote levita torna-se um líder na adoração de ídolos; a tribo de Dã mergulha na idolatria e abandona sua herança; uma cidade israelita se comporta exatamente como Sodoma e Gomorra (a imagem da imoralidade cananeia); e os israelitas se unem para destruir suas próprias tribos (Benjamim).

Um vaso filisteu decorado, provavelmente usado para servir cerveja.

34   O Antigo Testamento livro por livro

Os restos de um antigo portão em Siquém. A cidade de Siquém e seus cidadãos desempenham o papel de maior destaque em Juízes 9.

Esboço
- O ciclo de desobediência (1.1–3.6);
- Os doze juízes libertadores e a espiral decadente de Israel (3.7–16.31);
- Israel atinge o fundo do poço (17.1–21.25).

Acontecimentos mais importantes
- Deus dá vitória sobre os cananeus por intermédio de duas mulheres (Débora e Jael);
- Gideão derrota um gigantesco exército midianita com apenas trezentos homens;
- Todos os juízes, com exceção de Otoniel e Débora, são contaminados de alguma forma;
- O livro de Juízes contém a emocionante e trágica história de Sansão e Dalila;
- O fim do livro (Jz 19-21) é horrível e deplorável.

Conexões
Juízes nos apresenta a ilustração viva das trágicas consequências do pecado. Quando pessoas abandonam a adoração a Deus, geralmente adotam a moral corrupta daqueles que estão ao seu redor, numa espiral decadente, tanto moral quanto teológica. A coisa mais impressionante no livro de Juízes é que a Bíblia não termina aqui. Depois de ler Êxodo e Deuteronômio, é surpreendente notar que o terrível pecado de Israel em Juízes não trouxe um fim para a história – Deus deveria simplesmente destruí-los. Temos um ótimo quadro da profundidade da graça e da misericórdia de Deus, quando lemos e percebemos que, apesar do terrível pecado de Israel, Deus ainda enviará verdadeiros libertadores para eles (Samuel, Davi e, por fim, Cristo).

Rute

Deus trabalha nos bastidores

Ensino central

Deus usa a fidelidade de uma humilde mulher estrangeira para restaurar uma família à Terra Prometida e apresentar o libertador que traria Israel de volta para Deus.

Versículo para memorizar

> Não se preocupe com nada, minha filha. Farei o que me pediu, pois toda a cidade sabe que você é uma mulher virtuosa.
> Rute 3.11

Cenário

As primeiras palavras do livro de Rute situam a história durante o período dos juízes, conectando, desta forma, a história de Rute aos tempos desastrosos registrados no livro de Juízes. Este cenário também descortina que Rute viveu em uma época muito incerta. Poderia ter sido extremamente arriscado e perigoso duas mulheres, sozinhas, atravessarem Israel.

Ao final de Juízes, a aliança como demonstrada em Deuteronômio parece estar completamente esquecida, com Israel adorando os ídolos em vez de adorar a Deus. Assim, algumas questões críticas emergem desta terrível situação: "Existe alguma esperança para Israel? Quem os libertaria do caos que eles causaram?" A resposta é o rei Davi, e Rute serve como aquela que vai apresentá-lo. Em 1 e 2Samuel, Davi surge para governar e consertar a confusão causada em Juízes.

Mensagem

O livro de Rute ilustra como Deus está trabalhando silenciosamente nos bastidores, proporcionando uma solução (um libertador, Davi) para a terrível situação que Israel criou para si mesmo durante o período dos juízes. Desta forma, Rute faz a ponte narrativa de Juízes (a tragédia em Israel) até 1 e 2Samuel (Davi, o herói).

O livro de Rute não é sobre reis, generais, prostitutas ou sacerdotes. É uma história sobre como Deus conecta três simples camponeses (Noemi, Rute e Boaz). Quando uma família israelita deixa a Terra Prometida, uma maldição se instaura e todos os homens na família morrem, mas quando as viúvas fazem seu caminho de volta para a Terra Prometida, as bênçãos

Um homem palestino processando o trigo.

Vista de Belém nos dias de hoje.

retornam. O livro de Rute apresenta Noemi, Rute e Boaz como pessoas piedosas, mesmo que sejam gente de verdade, expressando tristeza de verdade, por problemas de verdade. Em sua essência, essa é uma história de amor com uma significativa genealogia de cunho teológico ao final da história.

Esboço
- Deixar a Terra Prometida resulta em tragédia (1.1–22);
- Um rapaz conhece uma garota (2.1-23);
- Noivado e casamento (3.1–4.12);
- De Noemi e Rute até Davi: uma genealogia (4.13-22).

Acontecimentos mais importantes
- Dois dos três personagens principais neste livro são mulheres, Noemi e Rute;
- No meio da narrativa do livro de Rute, temos uma emocionante história de amor;
- Deus trabalha nos bastidores por todo o livro de Rute;
- A história tem um final feliz: Noemi e Rute vão do vazio, da tragédia e do desespero à plena satisfação.
- Rute é conhecida como uma "mulher virtuosa" (3.11), a mesma expressão hebraica usada em Provérbios 31.10.

Conexões

Podemos aprender muito com o caráter de Rute. A fidelidade é uma virtude muito importante na Bíblia, e o Senhor salienta isso por todo o Antigo Testamento. Rute estava mais preocupada com o bem-estar de sua sogra do que com seu próprio futuro. Ainda assim, no final, Deus abençoou tremendamente a sua vida. De seu exemplo podemos aprender como ser fiéis em todos os nossos relacionamentos, confiando que Deus está com seus olhos sobre nós em meio aos momentos difíceis.

No final do livro, Rute serve como aquela que apresentaria Davi (uma genealogia que consequentemente leva a Cristo). Davi seria a solução de curto prazo para a terrível situação em Israel, que é descrita em Juízes e mencionada em Rute 1.1. Deus trabalha silenciosamente nos bastidores por intermédio de duas mulheres humildes (Noemi e Rute) e um homem fiel (Boaz) para iniciar o processo de surgimento de um poderoso libertador, Davi, e, finalmente, Cristo.

1 e 2Samuel

A ascensão e a queda de Davi

Urias, o hitita, marido de Bate-Seba, é um soldado no exército de Davi. Na ilustração, um soldado hitita em um relevo de uma parede (século X a.C.).

Ensino central
Davi ascende ao poder e restaura Israel à devida adoração a Deus, mas seu caso com Bate-Seba mancha seu reinado, minando muitas de suas grandes realizações.

Versículo para memorizar
Você vem a mim com uma espada, uma lança e um dardo, mas eu vou enfrentá-lo em nome do Senhor dos Exércitos, o Deus dos exércitos de Israel, que você desafiou.
1 Samuel 17.45

Cenário
No fim de Juízes, a situação é extremamente sombria em Israel, tanto moral quanto teologicamente. O primeiro livro de Samuel abre-se durante os últimos anos dos juízes. Samuel, de fato, é uma ponte dos juízes para a monarquia, sendo ele próprio tanto um juiz como o primeiro grande profeta desde Moisés. Saul, o primeiro rei, governa de 1051 até 1011 a.C., enquanto Davi reina de 1011 até 971 a.C.

Mensagem
Os dois livros de Samuel são, prioritariamente, sobre Davi, o herói que liberta Israel da desordem relatada no fim do livro de Juízes. O papel de Samuel é de transição; ele institui a monarquia e unge os dois primeiros reis. Saul, o primeiro rei, é fraco e desobediente. Seu papel na história é fornecer um contraste com Davi e lembrar a todos o que acontece se pessoas escolhem seus líderes por exterioridades, e não pelo verdadeiro caráter. Davi é aquele que traz Israel de volta aos trilhos da narrativa divina – o homem segundo o coração de Deus. Ele é corajoso e confia em Deus. Depois de Davi tornar-se rei, a conquista que havia sido interrompida desde a morte de Josué é concluída. Davi traz a arca da aliança para Jerusalém e restabelece a adoração ao Senhor. Deus ainda faz uma aliança especial com Davi, que é, finalmente, cumprida em Cristo.

Infelizmente, descobrimos que Davi não é um messias impecável, mas sim um mero homem. Seu caso com Bate-Seba e o assassinato do esposo dela, Urias, são atitudes dele que nos chocam e escandalizam. Depois desses graves pecados, Deus

A cidade de Rabá (2Sm 11.1) era a capital de Amon. As ruínas da cidade foram escavadas no centro da cidade de Amã, a capital da Jordânia.

38 O Antigo Testamento livro por livro

O monte em Beth Shan. Depois de matar a Saul e seus filhos, os filisteus pendiam seus cadáveres na parede de Beth Shan (1 Sm 31.8-13).

perdoa Davi, porém não sustenta mais seu reinado, que, juntamente com sua vida pessoal, começa a desmoronar rapidamente. A partir disso, devemos olhar para o Novo Testamento, para a chegada do "filho de Davi" e para um verdadeiro Messias.

Esboço

> De um sacerdote corrupto (a família de Eli) para um rei corrupto (Saul): a transição dos juízes para a monarquia (1Sm 1.1–15.35);
> Quem será o rei? O contraste entre Saul e Davi (1Sm 16.1–31.13);
> A ascensão de Davi ao trono e a restauração de Israel (2Sm1.1–10.19);
> A grande queda: o caso entre Davi e Bate-Seba (2Sm 11–1-12.31);
> As consequências do pecado: o desvencilhar do reinado de Davi (2Sm 13.1–20.26);
> O bom e o mau: um resumo de Davi e seu reinado (2Sm 21.1–24.25).

Acontecimentos mais importantes

- O menino Samuel é chamado pelo Senhor à noite;
- O jovem Davi mata o grande guerreiro Golias com uma funda e uma pedra;
- Deus faz uma aliança com o rei Davi, prometendo colocar um de seus descendentes no seu trono para sempre;
- Davi é retratado como uma pessoa de verdade, com virtudes e fraquezas.

Conexões

Podemos aprender muito com Davi. Ele é um homem segundo o coração de Deus, que prioriza obedecer ao Senhor. É claro que tendemos a nos apegar ao grande pecado de Davi com Bate-Seba. Casos extraconjugais podem representar tentações muito perigosas, fazendo que até mesmo pessoas fortalecidas na fé e comprometidas como Davi tornem-se vulneráveis. Devemos levar a sério o perigo e sermos rápidos em fugir da tentação sexual.

Um dos maiores personagens na Bíblia, Davi encontrou seu declínio muito perto de completar sua missão como rei. Ele não é o Messias. A tragédia da vida de Davi nos lembra de que não devemos colocar nossa esperança em pessoas, mas no Senhor Jesus Cristo, que é o verdadeiro Messias e que nunca falha conosco.

1 e 2Samuel **39**

1 e 2Reis

A ascensão e (principalmente) a queda de Israel

O rei assírio Tiglate-Pileser III.

Ensino central

Os reis de Israel e Judá conduzem seu povo para longe de Deus, levando-o à apostasia idólatra, que os coloca debaixo de um severo juízo de Deus, manifesto por meio das invasões assírias e babilônicas.

Versículo para memorizar

> O Senhor, porém, foi bondoso e misericordioso com os israelitas, e eles não foram totalmente destruídos. Teve compaixão deles por causa da aliança que havia feito com Abraão, Isaque e Jacó. Naquela ocasião, como até hoje, não quis destruí-los completamente nem expulsá-los de sua presença.
> 2Reis 13.23

Cenário

Primeiro e Segundo Reis são o episódio conclusivo na história que se desenvolve de Gênesis 12 até 2Reis 25. Primeiro Reis retoma a história imediatamente depois do fim de 2Samuel. Então, em 1 e 2Reis, Davi (que está idoso e debilitado) morre, e seu filho Salomão torna-se o rei. Salomão reina de 971 a.C. até 931 a.C. Depois de sua morte, uma guerra civil acontece e a nação se divide em duas. O Reino do Norte, Israel, é destruído pelos assírios em 722 a.C. (2Reis 17), e o Reino do Sul, Judá, é destruído pelos babilônios em 587/586 a.C. (2Reis 25).

Busto de calcário de uma rainha egípcia (1550 a.C.). Uma das muitas esposas de Salomão é uma princesa egípcia (1Reis 7.8; 9.24; 11.1).

Mensagem

Depois de libertar os israelitas do Egito (Êxodo), Deus os conduz para a Terra Prometida. Pouco antes de entrar na terra, Deus concede-lhes Deuteronômio, que contém os termos pelos quais Israel poderia viver com Deus e debaixo de sua bênção. A pergunta que norteia a narrativa de Deuteronômio até o fim de 2Reis é: Israel será obediente aos termos propostos em Deuteronômio e, assim, experimentará a bênção do Senhor? A simples e triste resposta de 1 e 2Reis é não.

O tema central de 1 e 2Reis é a idolatria e as injustiças praticadas por Israel e Judá, quando abandonam Deus, e o consequente julgamento que vem sobre eles. Um dos importantes subtemas em 1 e 2Reis é o desmantelamento do império espetacular e do templo que Salomão construiu. Outro subtema é o reverso do êxodo e da conquista. Lembre-se de que tão logo a conquista da Terra Prometida começou, no livro de Josué, os israelitas entraram na terra, tomando Jericó. Em contraste com esse episódio, no fim de 2Reis, Jerusalém está sendo tomada e os israelitas estão sendo expulsos da terra.

As ruínas dos portões da cidade de Gezer, provavelmente do período de Salomão (1Reis 9.15).

Outro importante subtema envolve um remanescente. À medida que a nação se desvia para a apostasia e um julgamento nacional é instaurado, a narrativa de Elias e Eliseu ilustra que a esperança e a libertação ainda existem para indivíduos que confiam em Deus. Um remanescente sobreviverá.

Esboço
- A contradição de Salomão: esplendor e apostasia (1Reis 1–11);
- O reverso da conquista e o desmantelamento do império (1Reis 12–16);
- Deus envia profetas para confrontar a monarquia corrupta (1Reis 17.1–2Reis 8.15);
- Apostasia e os últimos dias de Israel (2Reis 8.16–17.41);
- A luta contra a apostasia e os últimos dias de Judá (2Reis 18.1–25.30).

Acontecimentos mais importantes
- As realizações espetaculares do templo de Salomão contrastam com sua indesculpável apostasia;
- Elias confronta e derrota centenas de falsos profetas no monte Carmelo;
- As histórias de Elias e Eliseu relatam mais milagres operados por Deus do que em qualquer outra parte do Antigo Testamento, desde Moisés;
- Deus lida com os maus reis de Israel e Judá de maneiras diferentes e imprevisíveis.

Conexões
Primeiro e Segundo Reis nos ensinam a grande questão a respeito do pecado e suas consequências. Se pessoas, repetida e continuamente, desobedecem a Deus e, de forma arrogante, rejeitam o chamado do Senhor ao arrependimento, elas podem esperar a experiência de um terrível julgamento. Por outro lado, em toda parte de 1 e 2Reis, nós vemos a graça e a paciência de Deus. Da mesma forma, o Senhor espera hoje que os rebeldes se arrependam e se voltem para ele.

Com Elias e Eliseu aprendemos que indivíduos podem permanecer fiéis ao Senhor mesmo quando toda uma sociedade é hostil a Deus e ao seu chamado para uma vida reta.

1 e 2Crônicas

Focando a promessa de Davi e a adoração no Templo

Ensino central

Focando a adoração de Israel no templo e a fidelidade de Deus à aliança com Davi, 1 e 2Crônicas recontam a história de Israel, de Adão até o retorno dos exilados.

Versículo para memorizar

> Então, se meu povo, que se chama pelo meu nome, humilhar-se e orar, buscar minha presença e afastar-se de seus maus caminhos, eu os ouvirei dos céus, perdoarei seus pecados e restaurarei sua terra.
> 2Crônicas 7.14

Cenário

Primeiro e Segundo Crônicas recontam a história de Israel, de Adão até o decreto do rei persa Ciro (539 a.C.). Porém, a última pessoa citada na genealogia de Davi em 1Crônicas é um homem chamado Anani (1Cr 3.24), que nasceu por volta de 445 a.C. Assim, 1 e 2Crônicas provavelmente foram escritos por volta do ano 400 a.C. Isso situa a composição destes livros logo após a destruição de Jerusalém e o exílio (586 a.C.), descritos no final de 2Reis. Na verdade, aproximadamente em 400 a.C., vários grupos de exilados retornaram para Jerusalém, onde os eventos envolvendo Esdras e Neemias aconteceram.

Mensagem

Primeiro e Segundo Reis concluem a história baseada em Deuteronômio, olhando para trás, onde Israel e Judá falharam em obedecer, explicando por que o terrível julgamento (o exílio) sobreveio sobre o povo. Primeiro e Segundo Crônicas recontam basicamente a mesma história, mas olhando para frente. Essencialmente, o autor parece estar dizendo: "Vamos prosseguir".

Desse modo, 1 e 2Crônicas basicamente cobrem o mesmo período histórico de Israel abordado em 1 e 2Samuel e 1 e 2Reis, mas com uma ênfase distinta e um propósito teológico diferente. O Cronista (como o autor de 1 e

A inscrição de Siloé. Preparando-se para a invasão assíria, o rei de Judá, Ezequias, construiu um túnel para suprir com água sua fortaleza em Jerusalém. Inscrita nessa rocha (tirada da parede do túnel), consta uma descrição da construção do túnel.

O Antigo Testamento livro por livro

2Crônicas é tipicamente chamado) ainda reconhece que o pecado e a desobediência de Israel levam ao exílio, mas ele resume em dois temas principais. Primeiro, ele ressalta a aliança divina com Davi (2Sm 7), prometendo que um futuro descendente de Davi sentará no trono e governará Israel perpetuamente. Como o Cronista está olhando para frente e tentando focar os aspectos positivos da monarquia, ele não menciona muitos dos terríveis pecados e erros dos reis em 1 e 2Reis, especialmente os grandes delitos de Davi (o caso com Bate-Seba) e Salomão (esposas estrangeiras e adoração a ídolos). O segundo maior tema dos livros é a adoração no templo. A maior parte do foco de 1 e 2Crônicas está na construção do templo e na adoração apropriada. Assim, muitos dos reis em 1 e 2Crônicas são avaliados em como eles se relacionam com o templo, em vez de como se relacionam com Deuteronômio (como em 1 e 2Reis).

Esboço

- Uma genealogia histórica de Adão até o retorno dos exilados (1Cr 1-9);
- O reinado (ou não reinado) de Saul (1Cr 10);
- O reinado de Davi (1Cr 11-29);
- O reinado de Salomão (2Cr 1-9);
- O reinado dos outros reis de Judá (2Cr 10-36).

Acontecimentos mais importantes

- Os terríveis pecados de Davi e Salomão não são mencionados;
- Uma forte ênfase na palavra escrita de Deus percorre todo 1 e 2Crônicas;
- O foco dos livros é positivo e olha para frente, em contraste com 1Samuel e 2Reis, que têm uma perspectiva negativa, sempre olhando para trás;
- Primeiro Crônicas 21.1 é uma das poucas passagens no Antigo Testamento que menciona Satanás.

Conexões

O realce na linhagem de Davi em 1 e 2Crônicas, dá um tom messiânico a esses livros, apontando à frente, para a vinda de Jesus Cristo como o cumprimento da aliança davídica. Além disso, 1 e 2Crônicas ensinam que mesmo que nos encontremos em circunstâncias difíceis, devemos confiar nas promessas de Deus e continuar a adorá-lo com todo o coração. Da mesma forma, se pecarmos, devemos nos humilhar e nos arrepender, clamar pelo perdão de Deus e seguir com nossa vida, enquanto deixamos nosso passado pecaminoso para trás.

Trombeta de bronze (1000–800 a.C.). Quando Salomão trouxe a arca para o templo, 120 sacerdotes tocaram suas trombetas em celebração. Este instrumento tem um importante papel em 1 e 2 Crônicas, onde é mencionado quinze vezes.

Esdras

Reconstruindo o Templo e o povo de Deus

Ensino central
Capacitados por Deus e liderados por Zorobabel e Esdras, duas gerações de judeus exilados retornam a Jerusalém, reconstroem o templo e reformam a nação.

Versículo para memorizar
"A bondosa mão de nosso Deus está sobre todos que o adoram, mas seu poder e sua ira estão contra todos que o abandonam".
Esdras 8.22

Cenário
O livro de Esdras retoma a narrativa no ano de 538 a.C., quando Ciro, o rei da Pérsia, emite um decreto permitindo que os exilados israelitas retornem à sua pátria e reconstruam seu templo. Esdras 1-6 conta a história da primeira geração de exilados que volta para Jerusalém e a luta para reconstruir o templo. Esses eventos ocorrem em 538–515 a.C. Em 458 a.C., surge Esdras, trazendo uma segunda geração de exilados (Esdras 7-10). Os eventos em Neemias – que estão intimamente relacionados com a história de Esdras – têm início em 445 a.C.

Mensagem
Os dois temas centrais de Esdras são a reconstrução do templo e a reedificação do povo de Deus. Após a destruição de Jerusalém, o retorno dos judeus exilados à Jerusalém e a reconstrução do templo são atos incontestavelmente milagrosos. Na verdade, os profetas proclamaram que haveria uma gloriosa restauração de Israel de volta à Terra Prometida. Seria isso?

Esdras (e Neemias) nos dá a resposta: não. Esse retorno não é a gloriosa restauração prometida pelos profetas. A constante presença de reis persas ao longo da história de Esdras e Neemias é uma lembrança de que Israel não tem um rei davídico (como foi previsto pelo profeta). O Senhor não se manifesta, vindo encher o novo templo com a sua presença, como fez no tabernáculo (Êxodo) e no templo (1Reis), de modo que a gloriosa restauração deverá ser no futuro.

Então, o que está acontecendo em Esdras? Deus está preparando o caminho para a vinda do Messias. Para que um rei messiânico davídico venha de Israel, a nação deve permanecer intacta. Assim, Deus preserva a nação, ainda que em forma remanescente. Embora enquanto as pessoas esperam pela grande restauração, os judeus que residem na Terra Prometida devem continuar a adorar a Deus. Mesmo que o restabelecimento de Israel no livro de Esdras esteja aquém da restauração prometida pelo profeta, este é, sem dúvida, um significativo começo. Deus não abandonou seu

O Cilindro de Ciro descreve como Ciro se apoderou da Babilônia e em seguida, permitiu que os exilados de diferentes nacionalidades na Babilônia voltem para suas casas.

Um dos muitos leões feitos de azulejo esmaltado, que delineavam a estrada para o portão de Ishtar, na antiga Babilônia.

povo e continua em movimento, cumprindo suas promessas.

Esboço
- Reconstrução do templo (Esdras 1–6);
- Reedificação do povo de Deus (Esdras 7–10).

Acontecimentos mais importantes
- Esdras é um sacerdote e um perito na Lei;
- Muitos reis persas são mencionados em Esdras;
- Apesar do templo reconstruído, não há menção do retorno da presença de Deus ao templo;
- Deus pode ser visto trabalhando nos bastidores do livro de Esdras, mas ele não faz nada espetacular, como os milagres públicos dos dias de Moisés, Elias ou Eliseu.

Conexões
O livro de Esdras nos ensina que Deus é soberano e está no controle. Frequentemente, Deus trabalha (ao que nos parece) lentamente e nos bastidores, mas ele tem seus planos e opera de acordo com seu tempo, e não o nosso. Nosso trabalho é confiar em Deus e continuar a adorá-lo.

Esdras também ecoa ainda hoje, porque Deus não trabalha por intermédio de milagres espetaculares neste livro (como está registrado em Êxodo). Por exemplo, Esdras 1.5 afirma que "todos aqueles cujo coração Deus despertou" retornaram a Jerusalém. Deus não falou por meio de uma sarça ardente ou abriu o mar, mas, em vez disso, falou calmamente ao coração das pessoas que estavam ouvindo e dispostas a serem obedientes. Deus muitas vezes trabalha em nossa vida dessa mesma forma.

Esdras **45**

Neemias

Reconstruindo os muros e o povo de Jerusalém

Ensino central
Conduzido pelo Senhor, Neemias retorna a Jerusalém do exílio na Pérsia, rapidamente reconstrói os muros da cidade e então atenta para a necessidade da reedificação da nação ao redor da adoração fiel a Deus.

Versículo para memorizar
Ó Senhor, por favor, ouve a oração deste teu servo! Ouve as orações de teus servos que se agradam em te honrar.
Neemias 1.11

Cenário
Em 586 a.C., os babilônios tomam Jerusalém e a destroem, reunindo a maioria dos habitantes sobreviventes e forçando-os ao exílio na Babilônia. Em 539 a.C., os persas, que agora controlam a região, permitem que os hebreus derrotados voltem para casa. Os livros de Esdras e Neemias contam a história desse retorno. Os judeus retornam a Judá em três levas. Zorobabel lidera o maior grupo em 538 a.C., seguido por Esdras com um grupo muito menor em 458 a.C. Neemias, nomeado pelos persas como governador de Judá, lidera um terceiro grupo menor, que retorna em 445 a.C. com o objetivo principal de reconstruir as muralhas de Jerusalém.

Friso em muro de pedra, com soldados persas, no palácio persa em Susa.

Friso em muro ilustrado com soldados persas, de um palácio persa em Susa. Provavelmente, Neemias foi grato por ter uma unidade de soldados persas com ele.

Mensagem
O livro de Neemias conta a milagrosa história de como Jerusalém é restabelecida no período pós-exílio. Apesar da séria oposição de vários inimigos poderosos ao redor, Neemias, o novo governador, reconstrói rapidamente as muralhas de Jerusalém, restabelecendo, assim, a cidade como uma entidade viável e defensável. Reedificar o povo em torno da verdadeira adoração a Deus é provavelmente o objetivo final de Esdras e Neemias; o templo e os muros são simplesmente meios para ajudar tal edificação. A segunda metade do livro se concentra nos esforços de Neemias em tratar

de problemas internos e levar os judeus que estão de volta a Judá a seguir e obedecer fielmente a Deus. Na realidade, reedificar a nação é provavelmente mais difícil do que reconstruir os muros. Neemias lida com essa obra, e, à medida que o livro se aproxima do fim, não se sabe se as pessoas vão permanecer fiéis a Deus sem que Neemias fique de olho nelas.

Esboço

- Reconstrução dos muros de Jerusalém (1.1–7.3);
- Reedificação da nação de Israel (7.4–12.26);
- Dedicação do muro (12.27-47);
- Desobediência do povo: o trabalho de Neemias é em vão? (13.1-31).

Acontecimentos mais importantes

- A corrida para a reconstrução do muro, antes que os inimigos de Israel possam se mobilizar e atacar, é uma história emocionante e cheia de suspense;
- Neemias ora frequentemente durante toda a história;
- O desafio exterior de Neemias (o muro) é mais fácil de lidar que seu desafio interior (a fidelidade/infidelidade do povo);
- A dedicação do muro reconstruído é celebrada por homens e mulheres, com cânticos e grande alegria.

Conexões

Neemias procura seguir fielmente a vontade de Deus, e ora, frequentemente, por todo o livro. No entanto, ele enfrenta numerosos e difíceis obstáculos, tanto externos como internos. Mesmo que esteja fazendo a vontade de Deus, sua tarefa nunca é fácil. Essa é uma boa lição para nós aprendermos. Só porque Deus nos leva a fazer uma tarefa, não significa que será algo fácil ou simples. Da mesma forma, se uma tarefa que empreendemos para Deus torna-se árdua, isso não implica necessariamente que conclui-la não seja a vontade dele. Às vezes, tendemos a ficar esperando que Deus nos mostre "a porta aberta", presumindo que se a porta não for facilmente aberta, então não deve ser a vontade de Deus para nós. A narrativa de Neemias sugere que se a porta está fechada, então talvez o Senhor queira que a chutemos ou encontremos uma janela. Deus deseja que confiemos nele para sermos fortalecidos, mas também espera que planejemos, conduzamos bem, trabalhemos duro e perseveremos apesar da oposição e das "portas fechadas".

Os muros de Jerusalém foram construídos, derrubados e reconstruídos diversas vezes por toda a história. Na foto, temos uma visão atual da parte inferior do muro oriental. As pedras à direita datam de 164-37 a.C., enquanto a expansão à esquerda data de 37 a.C.

Ester

Deus usa uma bela jovem para salvar Israel

Ensino central

Deus trabalha nos bastidores, por intermédio de uma bela jovem, para libertar seu povo da aniquilação.

Versículo para memorizar

> Quem sabe não foi justamente para uma ocasião como esta que você chegou à posição de rainha?
> Ester 4.14

Cenário

A história de Ester é situada na capital persa, a cidade de Susã, a mesma cidade em que Neemias reside no início do livro que leva seu nome. A história de Ester, no entanto, ocorre antes da narrativa de Neemias, durante o reinado do rei persa Xerxes (485-465 a.C.). Xerxes é chamado de Assuero no texto hebraico, bem como em algumas traduções em inglês. Os eventos de Neemias ocorrem durante o reinado do rei seguinte, Artaxerxes.

Mensagem

O livro de Ester contém algumas características incomuns que afetam a forma como definimos a mensagem. Primeiro, o nome de Deus nunca é mencionado em todo o livro de Ester. Segundo, nenhum dos personagens ora ou faz petições a Deus. Enquanto Ester jejua durante três dias, ela nunca menciona Deus ou ora a ele (como Esdras e Neemias fizeram repetidamente). Na verdade, nenhum dos personagens parece expressar fé específica em Deus, o que é um forte contraste com Esdras e Neemias.

Estes frascos continham maquilagem nos olhos, que foram aplicadas com uma haste de metal.

Além do mais, os nomes dos personagens principais são perturbadores. Mardoqueu significa "homem de Marduque". Marduque era o principal deus dos babilônios, fazendo deste um nome alarmante para um herói israelita. Da mesma forma, o nome Ester é derivado de Ishtar, a deusa mesopotâmica do amor. O significado dos nomes, é claro, não é conclusivo para determinar o significado da história; mas os nomes muitas vezes desempenham um papel, e esses nomes em particular são bem desconcertantes. Assim, é duvidoso que o autor de Ester tivesse a intenção de ver Mardoqueu e Ester como modelos de fé.

Pelo contrário, o livro de Ester nos ensina que Deus, na sua graça, trabalhou poderosamente nos bastidores para livrar da aniquilação até

O anel-selo de ouro do Egito. Este artefato é mencionado quatro vezes em Ester (3.10; 8.2, 8, 10).

48   O Antigo Testamento livro por livro

mesmo os judeus que permaneceram na Pérsia, que não eram fortes em sua fé. Mardoqueu e Ester são certamente ousados e corajosos, mas não parecem ser impulsionados pela fé. Como personagens, eles provavelmente simbolizam aqueles judeus que permaneceram no exílio e não tentaram retornar à Terra Prometida.

Esboço
- ➢ A queda da rainha persa Vasti (1.1-22);
- ➢ O concurso de beleza da Pérsia (2.1-18);
- ➢ O plano de Hamã para destruir Mardoqueu e todos os judeus (2.19–3.15);
- ➢ Ester frustra o plano de Hamã (4.1–7.10);
- ➢ O decreto do rei e a vingança dos judeus (8.1–10.3).

Acontecimentos mais importantes
- A narrativa de Ester é uma encantadora história de ascensão da pobreza para a riqueza;
- O livro de Ester também tem um vilão chamado Hamã;
- Em nenhum lugar no livro de Ester o nome de Deus é mencionado. Da mesma forma, ninguém em Ester ora ou menciona alguma das alianças, o que é um forte contraste com Esdras e Neemias;
- Ester nunca é citada no Novo Testamento.

Peça esculpida na pedra retratando um rei, provavelmente Xerxes, situada em Persépolis, cidade da Pérsia.

Conexões

Embora possamos certamente aprender muito com a bravura de Ester, a lição principal neste livro vem das ações de Deus. Vemos Deus trabalhando calmamente nos bastidores para executar o seu plano. Ele resgata os israelitas não por causa da piedade de Ester, mas porque salvá-los é parte de seu caráter e de seu propósito, embora os judeus na Pérsia não estejam vivendo em obediência. Deus trabalha em nossa vida mesmo quando não merecemos, e é fiel às suas promessas e ao seu plano, apesar de nós. Isso deve nos encorajar em tempos difíceis.

Jó

Quando a vida não é justa

"É por sua ordem que a águia se eleva e no alto constrói o seu ninho?" (Jó 39.27).

Ensino central
Quando tragédias inexplicáveis nos afligem, devemos confiar na soberania e no caráter de Deus.

Versículo para memorizar
Onde você estava quando eu lancei os alicerces do mundo? Diga-me, já que sabe tanto.
Jó 38.4

Cenário
Não há nada no livro de Jó que nos diga especificamente quem o escreveu ou quando foi escrito. O verdadeiro contexto da história parece ser bastante antigo, talvez durante o período patriarcal e muito antes do estabelecimento de Israel na Terra Prometida. Por outro lado, o livro de Jó parece fazer alusão a outras partes das Escrituras (Gn 1–3 e Salmo 8, por exemplo), e os amigos de Jó aparentemente defendem uma teologia desenvolvida a partir de Provérbios e Deuteronômio. Isso tende a apontar para uma data posterior, pelo menos para a composição do livro. Um cenário plausível para a composição de Jó é durante o reinado de Salomão (971-931 a.C.) ou Ezequias (716-687 a.C.), uma vez que ambos estavam muito interessados na literatura de sabedoria. No entanto, ninguém sabe ao certo.

Mensagem
O livro de Jó não é uma lista de declarações teológicas que podem ser consideradas individualmente como declarações doutrinárias. Jó é uma história. Embora tenha algumas seções narrativas – mais notavelmente no início e no final –, a maior parte da história é contada por meio de diálogos. O contexto de cada diálogo é importante, e as declarações de todos os que falam devem ser ambientadas no contexto geral do livro. Como acontece com a maioria das histórias, o ponto central não surge até o final do livro.

O livro de Jó trata da difícil questão de como devemos lidar, de forma sábia e piedosa, com grandes tragédias que parecem injustas ou não parecem ter uma explicação lógica. Quatro conclusões teológicas inter-relacionadas emergem do livro de Jó: (1) Deus é soberano, e Jó não; (2) Deus sabe tudo sobre o mundo, enquanto Jó real-

Muro em relevo na Assíria, descrevendo camelos capturados. Um grupo de caldeus capturou todos os camelos de Jó (1.17).

mente sabe muito pouco; (3) Deus é sempre justo, mas nem sempre explica sua justiça a Jó; e (4) Deus espera que Jó confie em seu caráter e em sua soberania, quando a tragédia que não se pode explicar o aflige.

Esboço

- ➢ O teste de Jó: uma tragédia inexplicável (1.1–2.10);
- ➢ A busca por respostas e o desvio para acusação (2.11–37.24);
  - – Jó amaldiçoa o dia em que nasceu (3.1-26);
  - – Jó e seus três amigos buscam respostas (4.1–26.14);
  - – Jó acusa Deus de injustiça (27.1–31.40);
  - – O discurso de Eliú (32.1–37.24);
- ➢ A resposta verbal de Deus a Jó (38.1–42.6);
- ➢ A restauração de Deus para Jó (42.7-17).

Acontecimentos mais importantes

- • Jó é um dos poucos livros no Antigo Testamento em que Satanás realmente aparece;
- • Deus aparece no livro de Jó, tanto no começo como no fim. Encaminhando para o fim, Deus faz duas longas declarações a Jó;
- • Jó desafia a forma como Deus governa o mundo; Deus só o repreende de forma gentil;
- • Deus nunca conta a Jó o que causou seu tempo de aflição.

Nos capítulos 38–41, Deus fala com Jó do meio de uma tempestade.

Conexões

Primeiro, ao tentar confortar nossos amigos que estão passando por uma grande tragédia na vida, não sejamos como os amigos de Jó, que passam todo o tempo tentando compreender por que a tragédia aconteceu, em vez de simplesmente se sentar com Jó e sofrer com ele.

Em segundo lugar, podemos aplicar o livro de Jó à nossa vida quando uma tragédia inexplicável nos atinge. Devemos nos lembrar de que Deus é soberano, e nós não somos. Além disso, Deus sabe tudo sobre o mundo, ao passo que somos incapazes de ver muitas das causas e efeitos ou as batalhas espirituais acontecendo. Também, enquanto Deus é sempre justo, ele nem sempre nos explica sua justiça; assim, não podemos compreendê-lo.

Finalmente, e mais importante ainda, Deus espera que confiemos em seu caráter e em sua soberania quando uma tragédia inexplicável nos afligir.

Salmos

Adorando a Deus

Doze salmos diferentes mencionam o louvor a Deus com harpa. Aqui, vemos descrito um harpista mesopotâmico

Ensino central
O povo de Deus deve responder-lhe por intermédio da oração e do louvor, especialmente em tempos de crise.

Versículo para memorizar
O Senhor é meu pastor, e nada me faltará.
Salmos 23.1

Cenário
Os salmos provavelmente foram escritos, coletados e organizados durante um longo período de tempo, e a ordem dos livros possivelmente está sujeita à cronologia do processo de coleta. Existem indicações textuais dentro dos salmos de coleções menores e mais antigas. Por exemplo, observe o comentário no final do Salmo 72: "Encerram-se aqui as orações de Davi, filho de Jessé" (72.20). Outras coleções incluem os salmos dos "filhos de Corá" (Salmos 42–49; 84–88), "os salmos de Asafe" (Salmos 73–83) e os "Salmos de Romagem" (Salmos 120–134).

Não sabemos quem realmente finalizou a coleção dos Salmos na forma final que temos hoje, nem exatamente quando isso ocorreu. Uma vez que alguns dos salmos se referem ao período do exílio babilônio (por exemplo, 137.1), podemos supor que a conclusão da coleção ocorreu após o exílio, talvez perto ou durante o tempo de Esdras e Neemias (450-400 a.C.), mas não podemos afirmar isso com certeza.

Mensagem
Enquanto os salmos abordam a doutrina e o comportamento moral, seu objetivo principal é nos dar modelos divinamente inspirados de como responder a Deus. Os salmos podem ser agrupados em duas categorias principais relacionadas a contextos muito diferentes da vida humana. A primeira categoria inclui aqueles momentos em que estamos bem, quando simplesmente queremos louvar a Deus por todas as bênçãos maravilhosas que nos deu. Ou talvez simplesmente desejemos louvar a Deus porque ele é grande e digno de louvor. Muitos salmos nos guiam dessa forma.

A segunda categoria principal pode ser descrita como os salmos de lamento. Um lamento é um clamor de tristeza, angústia e dor. A tragédia pode atacar sem aviso ou razão, devastando até o mais sólido dos homens de Deus (como Davi). Os salmistas

Um shofar sendo tocado.

Monte Hermom

em geral, e Davi em particular, são brutalmente honestos com Deus nessas situações, derramando sua angústia e dor em lamentações dramaticamente poéticas. Normalmente, eles usam seus clamores para ministrar por meio de sua dor, e acabam decidindo confiar, adorar e louvar a Deus, apesar de suas dificuldades.

Esboço
- ➢ Livro 1 (1–41);
- ➢ Livro 2 (42–72);
- ➢ Livro 3 (73–89);
- ➢ Livro 4 (90–106);
- ➢ Livro 5 (107–150).

Cada um desses cinco livros termina com uma declaração de louvor ao Senhor. O texto completo do último salmo (150) é louvor ao Senhor. Portanto, esse salmo em particular conclui toda a coleção dos salmos.

Acontecimentos mais importantes
- Talvez mais do que em qualquer outro livro na Bíblia, os Salmos nos conectam emocionalmente;
- O salmista é brutalmente honesto a respeito de suas emoções – medo, dúvida, desânimo, e também alegria, consolo e encorajamento;
- O Novo Testamento faz citações dos Salmos mais do que qualquer outro livro do Antigo Testamento;
- Os Salmos contêm inúmeras referências messiânicas.

Conexões
O livro dos Salmos nos leva a adorar e louvar a Deus, tanto coletiva como individualmente. Os salmos nos dão conforto e força durante os tempos difíceis. Eles fornecem um conteúdo poderoso e encorajador para meditar durante o silêncio ou em outros momentos devocionais pessoais. Porém, os salmos de lamentação também nos ensinam que não é errado clamar a Deus em momentos de dor e frustração; eles fornecem modelos divinamente inspirados sobre como suplicar honestamente diante de Deus quando estamos sofrendo. Os salmos nos ensinam que podemos nos magoar e que é lícito expressar essa dor a Deus, tanto de forma privada quanto publicamente.

Provérbios

Para alcançar sabedoria e disciplina

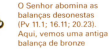

Ensino central

Provérbios nos fornece orientações para o desenvolvimento de um caráter sábio, para a vida cotidiana.

Versículo para memorizar

O amigo é sempre leal, e um irmão nasce na hora da dificuldade.
Provérbios 17.17

Cenário

Primeiro Reis 4.29-34 sugere que Salomão estava familiarizado com os provérbios e escritos de sabedoria de outros intelectuais do mundo antigo. Enquanto 1Reis 4.32 afirma que Salomão "falou" três mil provérbios, esse versículo não é claro sobre se ele os compôs ou se foi apenas quem os recitou. Salomão provavelmente coletou provérbios de Israel, assim como do resto do mundo antigo, enquanto também compunha alguns. Sob a inspiração de Deus, um grande número desses provérbios foi coletado, editado e incluído na Bíblia, como Provérbios 1–29, durante o reinado de Salomão (971-931 a.C.) e, mais tarde, durante o reinado de Ezequias (716-687 a.C.).

Durante esse processo, uma constante interação e mistura do folclore e simplicidade da sabedoria dos fazendeiros de Israel com a reflexão intelectual e filosófica de acadêmicos (incluindo Salomão), provavelmente ocorreu nas cortes de Jerusalém.

O Senhor abomina as balanças desonestas (Pv 11.1; 16.11; 20.23). Aqui, vemos uma antiga balança de bronze

Mensagem

O propósito do livro de Provérbios é exposto claramente nos versículos iniciais: "experimentar a sabedoria e a disciplina" (1.2) e para ensinar os jovens e os sábios (1.4-5). Provérbios 1.7 ("O temor do SENHOR é o princípio do conhecimento") conecta a bem-sucedida busca por uma vida sábia à obediência a Deus.

Essencialmente, Provérbios trata sobre a construção do caráter. Ele

O relevo de uma parede do palácio de Susã mostrando uma mulher rica (talvez uma rainha ou princesa) sentada com um fuso nas mãos (referência a Pv 31.19)

54 O Antigo Testamento livro por livro

fornece diretrizes para o desenvolvimento de um caráter correto e sábio. Provérbios apresenta as normas da vida, isto é, coisas que são geralmente e normalmente verdadeiras, sobre as quais alguém deve construir seu caráter. Provérbios normatiza a vida, e os outros livros da Sabedoria (Jó, Eclesiastes, Cântico dos Cânticos) enfocam as exceções. Todos os livros da Sabedoria precisam ser tomados juntos, para equilibrar uns aos outros. Provérbios, sem a devida observação, pode levar à teologia prática incorreta, como os três amigos de Jó ilustram. Parte de se tornar verdadeira e biblicamente sábio é aprender a aplicar os vários ensinamentos proverbiais contidos neste livro para os diferentes contextos da vida.

Esboço
➢ Os provérbios de Salomão (1.1–24.34);
– Introdução (1.1-7);
– Uma sabedoria paterna para o jovem e ingênuo (1.8–9.18);
– Provérbios curtos (10.1–22.16);
– Ditos de sabedoria (22.17–24.34).
➢ Os provérbios de Salomão coletados pelos escribas de Ezequias (25.1–29.27);
➢ Os ditados de Agur e Lemuel (30.1–31.31).

Acontecimentos mais importantes
• Provérbios nos ajuda a lidar com as questões diárias relacionadas à família, amigos e trabalho.
• Provérbios alerta contra a imoralidade sexual.
• Muitos provérbios abordam problemas com a fala (fofocas, desonestidade, raiva).
• Provérbios abre com um foco em pais e filhos e encerra focando uma mãe e esposas.

Conexões
Podemos aplicar muitos dos provérbios à nossa vida com bastante facilidade, porque lidam com os aspectos mais básicos do cotidiano, como a família, os vizinhos, o trabalho, a fala e a sociedade. Fora desse contexto do dia a dia, que podemos chamar de "vivendo no mundo real", vários temas centrais emergem de Provérbios: sabedoria versus tolice; aspectos impróprios da fala (raiva, fofoca, etc.); relacionamentos familiares apropriados; preguiça versus trabalho árduo; e atitudes apropriadas para com os pobres. Provérbios nos ensina a não sermos soberbos ou orgulhosos. Parte de ser sábio é aprender a ser humilde e preocupado com os outros. Também aprendemos em Provérbios que, se formos sábios, seremos calmos, temperados e tardios para nos irar. Falaremos palavras pacíficas que acalmam situações de crise. Também seremos ouvintes, sempre prontos a aprender mais com a sabedoria de outras pessoas e cautelosos em expor inadvertidamente nossas próprias opiniões.

Uma tábua de argila contendo provérbios sumérios (2000 - 1800 a.C).

Eclesiastes

Qual é o significado da vida?

Ensino central

O significado da vida não pode ser encontrado por meio de sabedoria, prosperidade ou prazer; ele somente pode ser descoberto servindo a Deus..

Versículo para memorizar

Meu filho, deixe-me dar-lhe mais um conselho: tenha cuidado, pois escrever livros não tem fim, e estudar demais é cansativo.
Eclesiastes 12.12

Cenário

As linhas iniciais de Eclesiastes identificam o conteúdo do livro como "as palavras do Mestre, filho de Davi, rei em Jerusalém" (1.1). Qualquer um dos reis descendentes de Davi poderia ser chamado de "filho de Davi", então a identidade do verdadeiro autor não é completamente clara. Tradicionalmente, muitos cristãos entenderam que o autor seria Salomão, colocando a composição do livro por volta de 900 a.C.

"Até um cachorro vivo é melhor do que um leão morto!" (Ec 9.4). Cachorros eram comuns no antigo Oriente. Aqui, vemos descrita uma estátua em terracota de um cachorro do Chipre (750-500 a.C.).

Mensagem

Eclesiastes é um dos livros de Sabedoria (Jó, Provérbios, Eclesiastes e Cântico dos Cânticos). Provérbios define a função normativa da sabedoria – como viver de forma sábia. Segundo Provérbios, o mundo é ordenado e racional. A vida faz sentido e opera de acordo com as relações básicas de causa e efeito. Jó, no entanto, explora a noção de que o mundo lógico baseado em retribuição de Provérbios não se aplica a todas as situações. Eclesiastes é muito semelhante a Jó, ressaltando as exceções às normas apresentadas em Provérbios. Quando o "Mestre" em Eclesiastes está intelectual e espiritualmente abalado por coisas que vê na vida, que não correspondem ao mundo ordenado e lógico dos Provérbios, ele percebe que uma abordagem racional e ordenada da existência não lhe dá um quadro

"Além disso, tive também mais bois e ovelhas do que todos os que viveram antes de mim em Jerusalém" (Ec 2.7). Rebanhos de gado são descritos nesta antiga pintura em uma parede egípcia.

que nos leva a compreender o derradeiro sentido da vida.

Eclesiastes é uma história sobre a busca intelectual do mestre pelo sentido da vida, usando as ferramentas da sabedoria (observação, reflexão, correlação). Infelizmente, a sabedoria não lhe dá respostas satisfatórias para o definitivo significado; apenas fornece boas ferramentas intelectuais para ver os problemas e inconsistências da vida. O mestre quer entender a vida e ser capaz de chegar a um quadro abrangente, pelo qual ele possa entender toda a vida, até mesmo as incongruências. Seu fracasso nesta busca é um dos principais pontos do livro (como foi para Jó).

A conclusão teológica final para Eclesiastes e o ponto principal do livro, no entanto, é: "Tema a Deus e obedeça aos seus mandamentos, porque isso é o essencial para o homem" (12.13). A sabedoria é uma boa abordagem para a vida e é infinitamente melhor do que a insensatez, mas não pode, isoladamente, nos fazer encontrar o sentido da vida, que só é possível reconhecendo Deus como o criador final (12.1). Além disso, Eclesiastes sugere que a vida não é um mistério a ser resolvido e entendido, mas sim um dom a ser apreciado.

Esboço
- A busca do mestre pelo sentido da vida (1.1-18);
- A futilidade do entretenimento e trabalho duro (2.1-26);
- Deus estabelece a ordem e propósito no mundo (3.1-22);
- Opressão e riqueza injusta (4.1–5.20);
- Sabedoria é bom, mas invariavelmente falha (6.1–8.17);
- O destino final para todos (9.1-12);
- A sabedoria é melhor que a insensatez, mas pode ser fútil (9.13–11.10);
- A conclusão: lembre-se do seu Criador e tema a Deus (12.1-14).

Acontecimentos mais importantes
- Este livro explora vários caminhos incertos, que pessoas trilham para encontrar significado (riqueza, trabalho árduo, prazer, entendimento etc.);
- O tom, por quase todo o livro, é cínico e pessimista;
- A palavra hebraica traduzida como "sem sentido" ou "vaidade" ocorre trinta e oito vezes em Eclesiastes.

Conexões
Eclesiastes nos diz que não teremos significado na vida se não for servindo a Deus. Muitas pessoas hoje tentam encontrar significado por meio de seu trabalho, sua busca ao longo da vida para acumular riqueza ou sua procura por prazer e/ou felicidade. Como nos diz o mestre em Eclesiastes, uma vida vivida somente para esses objetivos é sem sentido e fútil, como correr atrás do vento. Independentemente de quão inteligentes somos, ou quão arduamente trabalhamos, é somente quando servimos a Deus que a vida assume um sentido significativo.

A cena de um banquete hitita (século 9 a.C.). Eclesiastes 2.1-3 provavelmente se refere a festas regadas de banquetes.

Cântico dos Cânticos

Intensas canções de amor

"Romãs. São mencionadas várias vezes em Cântico dos Cânticos (4.13; 6.11; 7.12; 8.2)."

Ensino central
Uma pessoa verdadeiramente sábia percebe que o relacionamento físico e romântico entre um homem e uma mulher, em um casamento, é um dom de Deus a ser desfrutado.

Versículo para memorizar
> Coloque-me como selo sobre seu coração, como selo sobre seu braço. Pois o amor é forte como a morte, e o ciúme, exigente como a sepultura. O amor arde como fogo, como as labaredas mais intensas.
> Cântico dos Cânticos 8.6

Cenário
O versículo de abertura do livro serve como título, "Cântico dos Cânticos de Salomão". Embora alguns estudiosos argumentem que este livro provavelmente foi escrito depois do tempo de Salomão, a maioria dos cristãos tradicionalmente aceitou a autoria de Salomão.

Embora talvez seja correto ver Salomão pessoalmente envolvido no desenvolvimento dessa "canção", isso não significa que essa história de amor seja necessariamente autobiográfica. Primeiro Reis 4.32 declara que Salomão compôs mil e cinco canções. O título "Cântico dos Cânticos" significa "a melhor canção", o que implica que essa canção de louvor à sexualidade no casamento foi, talvez, o ponto alto do esforço de composição do autor. Essa canção é provavelmente um relato idealizado de amantes recém-casados, escritos ou coletados por Salomão, mas não necessariamente autobiográficos; Salomão teve mil esposas!

Mensagem
Provérbios nos dá bons, lógicos e sábios conselhos sobre casar com uma pessoa de bom caráter, em vez de com alguém que se envolve em tumultos e confusões. No entanto, vistos de forma isolada, tais conselhos não são completos. O comportamento tranquilo, primordial e apropriado dos Provérbios em relação ao cônjuge é bom e apropriado para a vida pública. Em Cântico dos Cânticos, lemos que as coisas precisam mudar quando o casal está sozinho em

Colar egípcio. "Você fez disparar o meu coração, minha irmã, minha noiva; fez disparar o meu coração com um simples olhar, com uma simples joia dos seus colares". (Ct 4.9)

"Vejam! É a liteira de Salomão". (Ct 3.7). Este relevo de um muro assírio retrata uma carruagem real.

casa. Um homem verdadeiramente "sábio" é totalmente apaixonado por sua esposa; tanto ele como ela devem desfrutar de um amor intenso um pelo outro. O discurso calmo, cuidadoso e reservado do sábio, em Provérbios, dá lugar aqui para apaixonados sussurros de amor.

Em vários momentos da história, os cristãos interpretaram o livro como uma alegoria sobre Jesus Cristo (o amado) e sua noiva, a igreja. Mas esse entendimento é difícil de sustentar se lemos cuidadosamente. Praticamente todos os estudiosos de hoje concordam que este é um livro que celebra a sexualidade humana. O Cântico dos Cânticos é uma série de canções curtas que um homem e uma jovem mulher (chamada Sulamita, em 6.13) cantam um para o outro. Ocasionalmente um grupo de amigos aparece fazendo o coro. Essas declarações do homem e da mulher (ela faz a maior parte) são extremamente sentimentais, particularmente para nós, que olhamos de fora. Para casais que estão profundamente apaixonados, tais intimidades são maravilhosas.

Esboço

➢ O cortejo (1.1–3.5);
➢ O casamento (3.6–5.1);
➢ A lua de mel (5.2–8.14).

Acontecimentos mais importantes

- Cântico dos Cânticos contém explícita e pitoresca linguagem poética sobre o amor de um casal;
- O livro celebra a sexualidade dentro do casamento;
- Cântico dos Cânticos inclui o período de cortejo, o casamento e a lua de mel.

Conexões

Este é um livro de sabedoria para todos os casais, jovens ou maduros. Podemos aplicar seu ensino, expressando o nosso amor ao nosso cônjuge com elogios apaixonados e íntimos. O objetivo da sabedoria é desenvolver o caráter e, à medida que avançamos nesse sentido, podemos acolher esse modelo de uma relação amorosa expressiva e íntima com nosso cônjuge. Em público, devemos seguir o modelo dos Provérbios e ser respeitáveis e reservados. Mas em casa devemos seguir o modelo apresentado por esses dois jovens amantes em Cântico dos Cânticos; como casal, é bom entregar-se intensamente um ao outro.

Isaías

Julgamento por romper a aliança, mas a salvação chegará por intermédio de um servo vindo de Deus

Ensino Central

O pecado da rebelião contra Deus resulta em julgamento, mas o Messias irá trazer perdão e salvação.

Versículo para memorizar

Todos nós nos desviamos como ovelhas; deixamos os caminhos de Deus para seguir os nossos caminhos. E, no entanto, o Senhor fez cair sobre ele os pecados de todos nós.
Isaías 53.6

Cenário

O ministério profético de Isaías, em Judá, foi concentrado nos anos 740 a.C. a 700 a.C. Durante esse tempo, Judá é a primeira localidade ameaçada por uma aliança Israel-Síria e depois invadida pelos assírios. Sob ameaça constante de exércitos poderosos, a questão crucial para os reis de Jerusalém é: "Em quem confiar para a libertação dessas nações poderosas?". Esse é o contexto para Isaías 1–39. Isaías 40–66, no entanto, é dirigido para um contexto posterior, escrito aos judeus que foram levados para o exílio pelos babilônios em 586 a.C.

Um colossal touro com cabeça humana que guardava a entrada do palácio do rei assírio Sargão II, contemporâneo de Isaías.

Mensagem

A mensagem central em muitos dos profetas do Antigo Testamento, incluindo Isaías, pode ser sintetizada em três pontos centrais:

1. Você (Judá/Israel) quebrou a aliança de Moisés; você precisa se arrepender!;
2. Nenhum arrependimento? Julgamento!;
3. No entanto, há esperança além do julgamento para uma restauração futura, gloriosa e messiânica, tanto para Israel/Judá como para todas as nações.

Durante todo o livro, Isaías enfatiza a justiça e a retidão como características de Deus e do Messias vindouro, mas também como padrões para o povo de Deus. Isaías também exorta os reis de Judá a confiarem em Deus quando são ameaçados por poderosos exércitos estrangeiros. Isaías ressalta que o Senhor é soberano; ele controla a história. Seu povo não deveria temer os perigos que enfrentam, mas sim confiar em Deus. Isaías descreve a futura restauração como um novo êxodo, conduzido pelo sufrágio messiânico "Servo do SENHOR" (42.19), um descendente real de Davi que trará o perdão do pecado e restaurará o povo de Deus em seu relacionamento com ele.

60 O Antigo Testamento livro por livro

Esboço
- Julgamento com vislumbres da libertação (1.1–39.8);
- Libertação messiânica com vislumbres do julgamento (40.1–55.13);
- Viver de forma justa enquanto espera em Deus (56.1–66.24).

Acontecimentos mais importantes
- Isaías encontra Deus assentado em um trono com serafins voando ao seu redor;
- É feita uma profecia sobre uma criança chamada Emanuel, que significa "Deus conosco";
- Isaías inclui os gentios em seu quadro futuro de restauração.
- O Messias é conectado ao Servo do Senhor, um servo sofredor;
- Isaías introduz o conceito de "novos céus e nova terra" (65.17).

"Todos nós, como ovelhas, nos desviamos". (Is 53.6)

Conexões

Isaías nos fala muito sobre Deus - o caráter de Deus e o coração de Deus. Isaías enfatiza que Deus é soberano e está no controle da história. Vivemos em um mundo pecaminoso e decaído, onde coisas terríveis podem acontecer, mas Deus permanece no trono e no controle. Eventualmente, o Senhor estabelecerá seu Reino, caracterizado por justiça, retidão e paz. Mesmo em situações difíceis, podemos reivindicar a promessa de Isaías de que não precisamos temer.

Isaías também nos ensina que não devemos banalizar Deus ou presumir que ele é indiferente ao pecado. A desobediência a Deus, especialmente se o abandonamos ou nos afastamos dele, terá sérias consequências. A santidade e a justiça de Deus exigem o julgamento do pecado. Felizmente para nós, Isaías também profetiza que o maravilhoso e esperado Messias (Jesus) morrerá em nosso lugar, por causa do nosso pecado, e nos restaurará a Deus.

Além disso, Isaías nos diz que Deus se importa profundamente com os que sofrem, em especial com aqueles que estão nos mais baixos estratos socioeconômicos, que não podem prover para si mesmos. Ele espera que nós (seu povo) tenhamos compaixão destes que compõem as chamadas "subclasses" e precisam de ajuda. Deus quer que andemos em sua presença, em verdadeira obediência ética e espiritual, em vez de apenas mera observância ritual.

Este é um dos vários prismas de argila que estão inscritos com relatos das campanhas militares de Senaqueribe. Em geral, esses registros reais são peças de propaganda cheias de especulação política. Compreensivelmente, Senaqueribe não menciona a desastrosa derrota em Jerusalém, mas ele também não finge tê-la capturado. Ele só menciona suas vitórias sobre as cidades vizinhas. Quanto a Ezequias em Jerusalém, o prisma declara: "Dele [Ezequias] fiz prisioneiro em Jerusalém, sua residência real, como um pássaro em uma gaiola".

Jeremias

Pecado, julgamento e libertação por intermédio da Nova Aliança

Ensino central

O julgamento iminente virá sobre a infiel Judá, por abandonar Deus e adotar a idolatria e a injustiça, mas libertação futura virá por meio da "nova aliança messiânica".

Versículo para memorizar

Eu sou o Senhor, o Deus de toda a humanidade. Acaso alguma coisa é difícil demais para mim?
Jeremias 32.27

Cenário

Centenas de anos antes (950 a.C. a 627 a.C.), a nação de Judá envolveu-se cada vez mais com ídolos estrangeiros e, como resultado, tornou-se cada vez menos fiel a Deus. Eles não só caíram em idolatria flagrante, mas sua sociedade também se desvirtuou moralmente quando eles desconsideraram o chamado de Deus para cuidar dos outros e se preocupar com a justiça para todos os membros de sua sociedade. Jeremias viveu e profetizou em Jerusalém durante os anos trágicos que levaram à captura e à destruição terrível da cidade pelos babilônios. Seu ministério se estendeu por mais de quarenta anos, de 627 a.C. a pouco depois de 586 a.C.

Este modelo de um oleiro foi descoberto em uma antiga tumba egípcia.

Mensagem

A mensagem de Jeremias segue o padrão dos profetas do Antigo Testamento, e pode ser sintetizada em três temas básicos:

1. Você (Judá/Israel) quebrou a aliança; você precisa se arrepender!;
2. Nenhum arrependimento? Julgamento!;
3. No entanto, há esperança além do julgamento para uma restauração futura, gloriosa e messiânica, tanto para Israel/Judá como para todas as nações.

Jeremias 1–29 concentra-se nos muitos pecados que caracterizam o povo de Judá, enfatizando quão severamente quebraram a aliança que Deus fez com eles em Êxodo e Deuteronômio. Esses pecados podem ser agrupados em três categorias principais: idolatria, injustiça social e ritualismo religioso. Como um promotor em um tribunal, Jeremias acusa Jerusalém e seus líderes de cometer idolatria e injustiça social. Da mesma forma, Jeremias declara que o ritual religioso não cobrirá o comportamento antiético, nem trará reconciliação com Deus. Ao contrário, Jeremias alerta que um tempo terrível de julgamento está chegando.

Contrastando com isso, Jeremias 30–33 se concentra na restauração gloriosa que vem após o julgamento. No centro dessa mensagem messiânica está a descrição da

nova aliança. Os capítulos restantes relatam como os reis e os povos de Jerusalém se recusam a escutar e se arrepender, selando, assim, seu destino. O livro de Jeremias descreve a terrível queda de Jerusalém, como consequência da invasão babilônica.

Esboço

> Pecado, relacionamento rompido e julgamento (1.1–29.32);
> Restauração e a nova aliança (30.1–33.26);
> Os terríveis e trágicos últimos dias de Jerusalém (34.1–45.5);
> Julgamento sobre as nações (46.1–51.64);
> A queda de Jerusalém descrita novamente (52.1-34)

Acontecimentos mais importantes

- Jeremias compartilha conosco seus medos e desânimos pessoais;
- Jeremias conecta a era da vinda do Messias com o estabelecimento de uma nova aliança;
- A infidelidade de Israel em seu relacionamento com Deus é regularmente comparada à infidelidade de um cônjuge em seu casamento;
- As imagens de julgamento de 1–29 são invertidas em imagens de salvação em 30–33, usando exatamente a mesma imagem (por exemplo, 1–29 fala de doenças incuráveis, 30–33 fala de cura).

Relevo de um muro assírio retratando bois engatados em carroças atreladas por jugos. Jugos têm um papel de destaque na história de Jeremias 27 e 28.

Conexões

Jeremias atinge severamente os pecados da idolatria, da injustiça social e do ritualismo religioso. O que nós idolatramos e adoramos no lugar de Deus? Riqueza? Sucesso? Fama? Vivemos para nós mesmos durante a semana, ignorando o chamado para defender a justiça social e ainda queremos acreditar que frequentar a igreja aos domingos será o suficiente? Vamos deixar nossos rituais (ou ir à igreja) substituir nosso relacionamento com Deus?

Felizmente, Jeremias também prega a esperança e aponta para aqueles que ouvirão a nova aliança – o tempo de Cristo –, quando a lei será escrita no coração em vez de em tábuas de pedra; é um tempo caracterizado pelo perdão. Assim como Jeremias nos golpeia com a gravidade do pecado, ele também nos oferece a solução apontando para Jesus, que perdoa o nosso pecado.

Queimador de incenso das proximidades da Arábia (os sabeus). Israel e Judá enfureceram Deus por queimar incenso para Baal (11.17) e para outros deuses (19.13).

Jeremias **63**

Lamentações

O luto pela destruição de Jerusalém

Ensino central

As consequências do pecado contra Deus são horríveis e trágicas, mas a fidelidade de Deus dá esperança.

Versículo para memorizar

> O amor do Senhor não tem fim! Suas misericórdias são inesgotáveis.
> Grande é sua fidelidade; suas misericórdias se renovam cada manhã.
> Lamentações 3.22-23

Cenário

Visto que o Reino do Sul, de Judá, persistiu em seus pecados de idolatria e injustiça social – recusando-se a ouvir a palavra de Deus por meio dos profetas – o juízo acabou chegando.

O livro de Lamentações é uma coleção de canções emocionantes, que descrevem com tristeza a terrível destruição de Jerusalém, levada a cabo pelos babilônios em 586 a.C. Um lamento é um tipo triste de canção (semelhante ao "blues") usado no mundo antigo para expressar pesar e tristeza, frequentemente em funerais. Podemos dizer que o livro de Lamentações é uma coleção de canções a serem cantadas no "funeral" de Jerusalém. Reconhecer e expressar pesar de tal maneira também implica em arrependimento.

Na antiga tradução grega do Antigo Testamento (chamada Septuaginta), Jeremias é identificado como o autor de Lamentações, na sequência do livro com o seu nome. Como resultado desse arranjo (que foi seguido pelas versões ocidentais da Bíblia), Lamentações não só lamenta a destruição de Jerusalém (isto é, as consequências do pecado), mas também valida e sustenta a mensagem de Jeremias.

Mensagem

Lamentações 1 personifica Jerusalém como uma mulher, descrevendo como a cidade chora sobre o que aconteceu com ela. Em meio ao sofrimento e choro, o capítulo contém confissões de seu pecado, mas também enfatiza repetidamente que não há ninguém para consolar Jerusalém em seu sofrimento (1.2, 9, 16-17, 21). Essa situação pode ser contrastada com Isaías 40–66, que traz a promessa de que o próximo Messias trará conforto.

Em Lamentações 1, o conforto ainda está por vir. Lamentações 2 e a maior parte do capítulo 3 descrevem poeticamente a ira de Deus que caiu sobre Jerusalém. Porém, Lamentações 3 não é sem esperança, além do julgamento, pois em

Antiga peça de barro da Mesopotâmia contendo um lamento poético pela destruição da cidade de Lagash.

"Nossas danças se transformaram em lamento". (Lm 5.15). No mundo antigo, o luto muitas vezes era uma atividade pública. Essas mulheres egípcias estão de luto pela morte do faraó (1319-1204 a.C.).

3.21-26 a canção clama por esperança em Deus, por causa de seu grande amor e compaixão, que são renovados todas as manhãs. Lamentações 4 retorna sombriamente, descrevendo a terrível destruição de Jerusalém e o grande sofrimento experimentado como consequência. Enquanto Lamentações 5 continua este tema, o livro termina com uma oração humilde a Deus, para lembrá-los do relacionamento com Deus e restaurá-los a esse relacionamento com ele.

Esboço
- Nenhum consolo para a enlutada viúva Jerusalém (1.1–2.22);
- A fidelidade de Deus em meio ao julgamento (3.1-66);
- O pecado e suas trágicas consequências para os filhos (4.1-22);
- Confissão do pecado à Deus, assentado no trono (5.1-22)

Acontecimentos mais importantes
- Os quatro primeiros capítulos são estruturados como canções acrósticas, uma técnica literária que usa a ordem do alfabeto para organizar as linhas poéticas;
- O livro de Lamentações refere-se a Jerusalém, repetidamente, como "filha de Sião";
- As terríveis consequências da invasão babilônica são descritas.

Conexões
Lamentações é um grande lembrete das sérias consequências do pecado e da rebelião contra Deus. Jeremias pregou continuamente a Jerusalém, mas ninguém ouviu. As pessoas ignoraram Deus e endureceram seu coração contra o Senhor e sua mensagem. Como resultado, um terrível e devastador julgamento veio, inevitavelmente. Essa séria realidade é verdadeira para nós ainda hoje. Sim, vivemos na era da nova aliança e do maravilhoso perdão fornecido por Jesus Cristo. Mas para aqueles que rejeitam e desafiam o Senhor e a mensagem do evangelho de Deus, o julgamento os aguarda – um julgamento tão doloroso, triste e terrível quanto o descrito em Lamentações.

Lamentações 3.21-33 também nos lembra do grande amor e compaixão de Deus para com o povo que confia nele: "pois as suas misericórdias são inesgotáveis. Renovam-se cada manhã; grande é a sua fidelidade!" (3.22-23).

Ezequiel

Pecado e salvação: perdendo e ganhando a presença de Deus

Ensino central

Por causa do pecado, Israel perderá a presença de Deus, mas no futuro o soberano Senhor enviará seu Espírito, restaurando sua poderosa e santa presença para seu povo.

Versículo para memorizar

> Eu lhes darei um novo coração e colocarei em vocês um novo espírito.
> Ezequiel 36.26

Cenário

Ezequiel se sobrepõe à segunda metade do ministério de Jeremias. Os líderes de Judá desconsideram as advertências de Jeremias e continuam a praticar idolatria e injustiça social. Então, como Jeremias predisse, os babilônios invadem. Na primeira invasão (597 a.C.), Jerusalém rapidamente se rende, e os babilônios levam para o exílio a maior parte da aristocracia de Judá (incluindo Ezequiel). Porém, os novos líderes em Jerusalém são tão rebeldes quanto os antigos, e continuam a desafiar Deus. Contrariando o conselho de Jeremias, eles se rebelam contra seus mestres babilônios, que respondem em 587/586 a.C. invadindo e destruindo Jerusalém, levando a maior parte da população remanescente para o exílio. Ezequiel profetiza no contexto dessas duas invasões.

Relevo em muro assírio mostrando o jardim do rei, com árvores e canais irrigadores de água.

Mensagem

Grande parte da mensagem de Ezequiel pode ser sintetizada em três componentes principais:

1. Vocês (os reis e o povo de Judá) quebraram a aliança; arrependam-se!;
2. Nenhum arrependimento? Um terrível julgamento está vindo;
3. No entanto, no futuro Deus trará um tempo maravilhoso de restauração e salvação.

Por volta da metade do seu ministério profético, Jerusalém é destruída pelos babilônios, então Ezequiel muda o foco de aviso e julgamento para a restauração futura. Neste contexto, surgem dois temas importantes. O primeiro é a soberania e a glória de Deus. Mesmo quando Jerusalém é destruída, Ezequiel proclama que Deus ainda é soberano e, finalmente, será glorificado.

O segundo tema primário está relacionado com a presença de Deus. O benefício mais espetacular que Israel recebeu da antiga aliança foi que a presença de Deus realmente habitava entre eles, primeiro no tabernáculo, e depois no templo. Em

Um altar cananeu em Megido. Em Ezequiel 6.3, Deus decreta o juízo sobre os "altares idólatras" de Israel.

Ezequiel, por causa da idolatria repetida e de outros pecados, a presença de Deus é finalmente afastada de Jerusalém, o que se configura numa perda devastadora. No entanto, como Ezequiel olha para o futuro, ele descreve um tempo no qual a presença de Deus será mais uma vez central no seu relacionamento com seu povo. Na verdade, as palavras finais do livro identificam o nome da nova cidade como "O SENHOR ESTÁ AQUI" (48.35).

Esboço
- Perda da presença de Deus e julgamento sobre Jerusalém (1–24);
- Julgamento sobre as nações (25–32);
- A presença de Deus restaurada e o novo templo (33–48).

Acontecimentos mais importantes
- Ezequiel descreve as rodas da carruagem de Deus e os estranhos seres viventes que sobrevoam ao redor do trono de Deus;
- Ezequiel descreve a partida da presença de Deus do templo;
- O Senhor sopra a vida de volta em pessoas que estavam mortas (esqueletos), demonstrando que sempre há esperança e vida em Deus;
- Ezequiel declara que no futuro a presença de Deus seria desfrutada de uma nova e maravilhosa maneira: Deus colocará seu próprio Espírito em seu povo.

Conexões
Ezequiel nos lembra de que Deus é soberano, com controle total sobre a história. Isso deve nos encorajar a não cair no desespero quando vemos o mal se disseminar, ainda que temporariamente, no mundo ao nosso redor. Deus finalmente triunfará e estabelecerá seu reino.

De Ezequiel também aprendemos sobre a importância vital da presença de Deus. Como cristãos, reconhecemos quão privilegiados somos por conhecer a presença de Deus por intermédio do seu Espírito Santo. Isso deve nos emocionar, nos fortalecer e, talvez, até nos assustar. Algumas responsabilidades passam a acompanhar a maravilhosa presença de Deus da qual agora desfrutamos, chamando-nos a viver de acordo com os desejos santos de Deus para nós.

Finalmente, Ezequiel nos lembra de que sempre há esperança. Se Deus pode dar vida a esses ossos secos, ele certamente pode nos restaurar a uma vida significativa em íntima comunhão com ele.

Daniel

O Reino de Deus não será destruído e seu domínio nunca terá fim

Ensino central

A vida e mensagem de Daniel exortam o povo de Deus a viver fielmente e a confiar no Senhor em todas as circunstâncias; Deus controla a história e manifestará o seu reino soberano em seu próprio tempo.

Versículo para memorizar

Muitos dos que estão mortos e enterrados ressuscitarão, alguns para a vida eterna e outros para a vergonha e a desonra eterna.
Daniel 12.2

Cenário

Daniel data o início de sua história no terceiro ano de Jeoaquim (605 a.C.). A data final dada no livro está ligada ao terceiro ano de Ciro, rei da Pérsia (537 a.C.). Daniel é um contemporâneo de Ezequiel e se sobrepõe a Jeremias por vários anos. Como o ministério de Ezequiel, o ministério profético de Daniel acontece na Babilônia. Ele vive nos tempos devastadores e tumultuados, em que os babilônios destroem completamente Jerusalém e levam a maioria dos israelitas sobreviventes ao cativeiro.

Mensagem

O livro de Daniel é composto de duas unidades principais. Daniel 1–6 contém histórias sobre Daniel e seus amigos que permaneceram firmes em sua fé. No entanto, o tema principal desta unidade é focado em Deus, demonstrando que o Senhor é mais poderoso do que os reis da Babilônia e da Pérsia. A segunda metade do livro, Daniel 7–12, amplia a visão, englobando o grande plano de Deus para o futuro, especialmente em relação aos impérios mundiais da humanidade, que se opõem ao estabelecimento global do Reino de Deus. O livro de Daniel transmite que, mesmo em tempos difíceis, quando parece que forças hostis a Deus estão dominando, o Senhor quer que seu povo viva fielmente, confiando nele e em sua promessa de que somente ele controla a história do mundo, trazendo seu reino glorioso no devido tempo.

Esboço

➢ Por meio das histórias sobre Daniel e seus amigos, vemos a demonstração de que Deus é mais poderoso que os reis da Babilônia e da Pérsia (1.1–6.28);

Leões como estes, feitos de telhas de cerâmica envidraçadas, ladeavam a rodovia que conduzia ao Portão de Ishtar, na Babilônia, no período de Daniel.

68 O Antigo Testamento livro por livro

➢ A soberania de Deus sobre todos os reinos deste mundo e seu plano para o futuro (7.1-12.13).

Acontecimentos mais importantes
- Daniel contém várias histórias fascinantes (por exemplo, a fornalha ardente e a cova dos leões) sobre como ele e seus três amigos permanecem fiéis a Deus;
- Tanto o rei Nabucodonosor como Daniel têm visões simbólicas surpreendentes, retratando quatro impérios mundiais;
- Daniel tem uma visão do "Ancião de Dias" (7.9) sentado em seu trono, liderando o tribunal;
- Daniel tem uma visão de "alguém semelhante a um filho de um homem, vindo com as nuvens dos céus" (7.13), uma imagem que o Novo Testamento conecta a Cristo;
- As visões de Daniel pertencem ao futuro próximo (eventos anteriores a Cristo), bem como ao futuro distante (eventos do porvir);
- O livro de Daniel é escrito em duas línguas diferentes: Daniel 1.1–2.4a em hebraico; 2.4b–7.28 em aramaico; e 8.1–12.13 retornam ao hebraico.

Conexões
A coragem e a fé de Sadraque, Mesaque e Abede-Nego na fornalha ardente e a firme fidelidade de Daniel na cova dos leões ainda permanecem como modelos para nós hoje. Esses homens recusaram-se a vacilar em seu compromisso com Deus, permanecendo totalmente obedientes ao Senhor apesar das circunstâncias desagradáveis e aparentemente subjugadoras que os envolviam. Essas histórias nos encorajam a comparecer ao nosso Senhor, independentemente da pressão exercida sobre nós pela cultura ou por circunstâncias infelizes. Esses homens não comprometeram sua fé, mesmo correndo o risco de perder a vida. Eles nos desafiam a fazer o mesmo.

Da mesma forma, a mensagem geral de Daniel tem uma relevância especial para nós hoje. Daniel nos lembra de que Deus é soberano e que seu reino finalmente triunfará sobre todas as potências mundiais hostis – um triunfo que inclui a nossa ressurreição dos mortos.

As ruínas de Persépolis, uma das capitais da Pérsia.

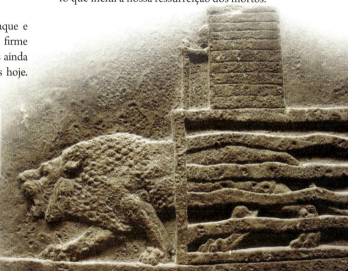

Os tribunais da Mesopotâmia mantinham leões em jaulas para que o rei pudesse caçá-los. Os leões de Daniel 6 provavelmente eram animais enjaulados com este propósito. Abaixo, um muro assírio em relevo, descrevendo um leão sendo solto para a caça.

Oseias

O amor duradouro de Deus por seu povo

Ensino central

Deus usa o difícil casamento de Oseias para demonstrar seu amor profundo e fiel por seu povo rebelde e infiel, que ainda não se arrependerá nem se voltará para ele.

Versículo para memorizar

> Quero que demonstrem amor, e não que ofereçam sacrifícios. Quero que me conheçam, mais do que desejo holocaustos.
> Oseias 6.6

Cenário

Oseias viveu e pregou em Israel durante grande parte do século 8 a.C. Nos anos posteriores a Oseias, os assírios cresceram fortemente, invadindo e destruindo o Reino do Norte de Israel (722 a.C.). Em 701 a.C., os assírios sitiaram Jerusalém, sem êxito. Claramente, Oseias viveu e pregou em um período muito desordenado e perigoso. Durante o início de seu ministério, ele era um contemporâneo de Amós e Jonas. Mais tarde em sua vida, ele sobrepôs a Isaías e Miqueias.

Mensagem

A mensagem básica de Oseias é semelhante à dos outros profetas pré-exílio. Sua mensagem pode ser resumida em três pontos centrais:

1. Você (Judá/Israel) rompeu a aliança; você precisa se arrepender!;
2. Nenhum arrependimento? Julgamento!;
3. No entanto, há esperança além do julgamento para uma gloriosa restauração futura.

Como os outros profetas, as acusações de Oseias contra Israel se dividem em três categorias principais: idolatria, injustiça social e ritualismo religioso.

Entretanto, um dos principais temas em todo o livro de Oseias é o amor fiel e duradouro que Deus tem para com o seu povo. Muito frequentemente, os outros profetas (especialmente Jeremias e Ezequiel) comparam Israel a uma esposa infiel – uma tão promíscua que se torna uma prostituta. Da mesma forma que essa mulher figurativa abandona seu marido leal e amoroso e se torna prostituta, Israel abandona o Senhor e se vira para adorar outros deuses. Enquanto os outros profetas usam regularmente essa analogia literária, para o pobre Oseias essa "analogia" é encarnada na vida real. Deus diz ao profeta que se case com uma prostituta, e ele diligentemente lhe obedece. A esposa de Oseias logo o abandona para se tornar

Os assírios sitiaram uma cidade na Mesopotâmia. Durante os últimos anos de Oseias, os assírios cresceram fortemente e, consequentemente, arruinaram e destruíram Israel

As ruínas de Samaria, a capital do Reino do Norte, Israel. Oseias anuncia o julgamento sobre Samaria (7.1; 8.5-6; 10.5, 7; 13.16).

prostituta novamente, acabando na escravidão. Deus diz a Oseias para comprá-la, amá-la e levá-la de volta *como sua esposa*, ilustrando, assim, na vida do profeta o amor e o perdão que Deus tem por seu povo rebelde e desobediente.

O livro de Oseias termina com um apelo de última hora para o arrependimento. Se Israel se arrepender e se voltar para Deus, Oseias declara: Deus ainda os restaurará (14.1-8). A triste realidade, entretanto, é que Israel não se arrepende, trazendo assim o terrível julgamento por meio dos assírios e depois pelos babilônios.

Esboço
- A analogia do casamento (1-3);
- O rompimento da aliança e o estabelecimento do juízo (4-14).

Acontecimentos mais importantes
- Oseias casa com a prostituta Gômer, e seu relacionamento com ela ilustra o relacionamento de Deus com Israel;
- Oseias e Gômer têm três filhos, todos com nomes simbólicos muito significativos;
- O profundo amor de Deus por seu povo é enfatizado;
- Oseias usa não apenas a analogia marido/esposa, mas também a analogia pai/filho.

Conexões

Romanos 5.8 afirma: "Deus demonstra seu amor por nós: Cristo morreu em nosso favor quando ainda éramos pecadores". A história de Oseias pinta um retrato poderoso das profundezas do amor de Deus. Mesmo que tenhamos sido como uma esposa infiel e rebelde em relação a Deus, abandonando nosso relacionamento com ele para perseguir nossos próprios desejos e esquecido de seu constante amor por nós, ele ainda nos ama com amor profundo e permanente, que nos chama continuamente a retornar para ele. Se retornarmos para Deus, ele nos perdoará e nos restaurará a um maravilhoso relacionamento amoroso, colocando-nos sob seu poderoso cuidado.

Joel

Pragas de gafanhotos e o Espírito do Senhor

Ensino central

Usando terríveis pestes de gafanhotos, Deus adverte Israel de um julgamento vindo sobre eles por causa de seu pecado e da violação da aliança. Mas o Senhor também descreve o tempo futuro de restauração, quando derramará seu Espírito sobre o seu povo.

Versículo para memorizar

> Mas todo aquele que invocar o nome do Senhor será salvo.
> Joel 2.32

Cenário

Ao contrário de muitos outros livros proféticos, o livro de Joel não fornece nenhum posicionamento histórico. Em Oseias 1.1, por exemplo, o ministério do profeta Oseias está diretamente ligado ao reinado de vários reis conhecidos. Pode-se identificar com precisão a configuração histórica de Oseias. A vida e a mensagem de Joel, entretanto, não estão ligadas a nenhum rei, e o livro não menciona qualquer evento histórico específico. A maioria dos estudiosos acredita que as pragas de gafanhotos que Joel descreve (especialmente a de Joel 2.1-11) preveem uma invasão estrangeira, seja a invasão assíria de Israel em 722 a.C., ou a invasão babilônica de Judá em 587 a.C. Portanto, muitos estudiosos assumem que Joel está profetizando pouco antes de uma dessas invasões.

Mensagem

Os profetas pregam a Israel e Judá com o livro de Deuteronômio em suas mãos. Isto é, eles anunciam que o povo de Israel quebrou o pacto da aliança, como legalmente documentado em Deuteronômio; portanto, experimentarão as consequências terríveis explicadas claramente neste livro (especialmente Dt 28). Ao contrário da maioria dos outros profetas, no entanto, Joel ignora as violações específicas do pacto de Israel (idolatria, injustiça social, dependência do ritualismo religioso). Nos dois primeiros capítulos, ele vai direto ao julgamento iminente. A partir de Deuteronômio 28.38 e 28.42, Joel descreve uma praga de gafanhotos terrível que vem sobre a terra, como o julgamento de Deus por rejeitarem e abandonarem as leis do Deuteronômio. No entanto, como os outros profetas, Joel também vai além do julgamento para descrever o tempo maravilhoso de restauração futura – um tempo em que Deus derramará seu Espírito sobre todo o seu povo.

Esboço

- Julgamento por meio de invasões de gafanhotos e chamados ao arrependimento (1.1–2.17);
- O Espírito de Deus é dado a

Locusta do Oriente Médio, similar a um gafanhoto.

todo o seu povo e o julgamento sobre as nações (2.18–3.21).

Acontecimentos mais importantes
- Joel apresenta um extenso e trágico relato de uma praga de gafanhotos que está vindo;
- Joel faz várias referências sobre "aquele dia" (veja 1.15) ou "o dia do Senhor" (veja o capítulo 2);
- Joel profetiza que Deus derramará seu Espírito sobre todo o seu povo, um evento que é cumprido no Novo Testamento, em Pentecostes (Atos 2.16-21).

Conexões
Joel nos lembra de que o pecado é muito sério, que a ira e o julgamento de Deus são uma realidade que apenas um tolo ignora. Por outro lado, a boa notícia da Bíblia é que "todo aquele que invocar o nome do SENHOR será salvo" (Jl 2.32, Rm 10.13). Voltar-se para Deus e confiar em Jesus Cristo nos salvará do julgamento.

Além disso, uma das promessas centrais do Antigo Testamento é a promessa da presença de Deus ("Eu habitarei no meio deles", Êx 25.8), uma realidade experimentada por sua morada no tabernáculo e depois no templo. No entanto, por causa de seu pecado e desobediência, os israelitas perdem a poderosa presença de Deus (Ez 8-10). No futuro, Joel profetiza, todo o povo de Deus desfrutará do poder e conforto da presença do Senhor de uma maneira nova e mais bela – por intermédio de seu Espírito Santo! Essa promessa é cumprida no Novo Testamento, onde todos aqueles que creem em Jesus Cristo experimentam o poder e o conforto da presença de Deus em sua vida, porque o Espírito de Deus habita dentro deles.

Comparando as pragas a soldados, Joel afirma: "Eles atacam como guerreiros; escalam muralhas como soldados. Todos eles marcham em linha, sem desviar-se do curso" (2.7).

Amós

As severas consequências da injustiça

Ensino central

Porque Israel está adorando ídolos e regularmente praticando injustiça social, o julgamento está vindo.

Versículo para memorizar

Em vez disso, quero ver uma grande inundação de justiça, um rio inesgotável de retidão. Amós 5.24

Cenário

Amós criou ovelhas e cultivou figos, oriundo de uma aldeia chamada Tecoa, localizada a aproximadamente 17 km ao sul de Jerusalém. Esse fato o situa no Reino do Sul de Judá. Ironicamente, ele entregou sua crítica mordaz e pronunciamento de julgamento para aqueles no Reino do Norte de Israel. O ministério de Amós é datado do reinado de Uzias, rei de Judá (783-742 a.C.), e Jeroboão II, rei de Israel (786-746 a.C.). Na época de Amós, o Reino do Norte de Israel era poderoso e próspero, mas essa prosperidade era limitada às classes superiores. A situação religiosa em Israel era terrível; eles se afastaram de Deus e construíram altares pagãos com ídolos em centros de adoração como Betel, Dan e Gilgal. Na época de Amós, o Reino do Norte de Israel estava estagnado na idolatria e no comportamento moral corrupto que o caracterizava.

Mensagem

Em geral, Amós entrega a mesma mensagem básica de três partes que o resto dos profetas do período pré-exílio proclama:

1. Você rompeu a aliança; você precisa se arrepender!;
2. Nenhum arrependimento? Julgamento!;
3. Além do julgamento, no entanto, há esperança por uma gloriosa restauração futura, tanto para Israel/Judá como para as nações.

Dirigindo sua mensagem primeiramente para o Reino do Norte, de Israel, Amós focaliza principalmente os pontos 1 e 2 (pecado e julgamento). Além disso, enquanto muitos dos outros profetas pulverizam passagens de esperança e restauração ao longo de suas mensagens de julgamento, Amós não faz menção de esperança ou restauração até o final do livro, onde finalmente dá alguns versículos de esperança em relação à vinda do Messias (9.11-15).

O tema que ocorre repetidamente em Amós é a preocupação de Deus com a justiça social. Quando Israel ignora a lei de Deus e rompe um relacionamento obediente com ele, eles logo perdem todo o senso de preocupação ética, criando uma

Um antigo par de sandálias. Duas vezes Amós denuncia o fato de que os necessitados estavam sendo comprados e vendidos por um par de sandálias (2.6; 8.6).

74 O Antigo Testamento livro por livro

situação na qual a corrupção e a exploração pelos ricos e poderosos correm sem cessar. Amós é implacável em suas críticas a essas pessoas e à situação que elas criaram.

Esboço
- ➢ Injustiça social e julgamento (1.2–9.10);
- ➢ A vinda do Messias e restauração (9.11-15).

Acontecimentos mais importantes
- Amós é um agricultor rústico que destrói os ricos;
- O tema da justiça social ("Corra a retidão como um rio, a justiça como um ribeiro perene" [5.24]) é repetidamente enfatizado;
- Amós usa linguagem dramática e contundente (por exemplo, ele compara as mulheres ricas de Israel a vacas [4.1]);
- Amós retrata Deus em sua ira como um faminto leão devorador.

Conexões
Amós é implacável em seu desafio em relação à nossa preocupação com os que sofrem. Durante todo o livro, Deus repetidamente revela seu coração neste aspecto. Deus está indignado e impaciente com aqueles que gostam de viver no luxo, enquanto os pobres em torno deles sofrem na pobreza. Deus espera que seu povo mostre a mesma compaixão que o Senhor mostra pelos pobres e por outros que sofrem. Além do mais, Deus fica particularmente irado quando nos separamos da situação dos pobres e nos concentramos em desfrutar do nosso alto padrão de vida. Se desconsiderarmos o sofrimento dos outros, Deus vê nossa adoração por ele como hipócrita, e não se agrada dela. Ele não quer nossa adoração hipócrita, que está separada da empatia e da compaixão pelos outros; em vez disso, Deus quer que cuidemos das pessoas e trabalhemos para aliviar o sofrimento. Ao fazermos isso, verdadeiramente chegamos a conhecer Deus e adorá-lo adequadamente, pois nosso coração está alinhado com o dele.

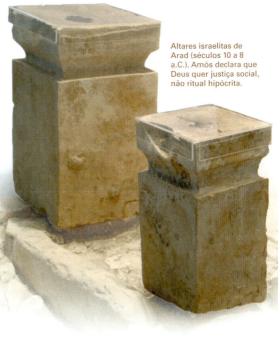

Altares israelitas de Arad (séculos 10 a 8 a.C.). Amós declara que Deus quer justiça social, não ritual hipócrita.

Obadias

O fim de Edom

Ensino central

A nação de Edom, que representa os que se opõem a Deus, será julgada e destruída, enquanto Israel será restaurada.

Versículo para memorizar

> Está próximo o dia em que eu, o Senhor, julgarei todas as nações!
> Obadias 15

Cenário

A nação de Edom era adjacente a Judá, localizada ao sudeste. Edom frequentemente conspirou com Judá contra os impérios maiores, mas quando os babilônios invadiram Judá e a vitória da Babilônia parecia impossível de parar, Edom mudou de lado e se juntou aos babilônios para saquear Judá. Obadias profetiza que Edom seria destruído por trair e atacar Judá.

Imediatamente antes do livro de Obadias, Amós 9.12 menciona Edom. Obadias, provavelmente, está situado diretamente após Amós por causa dessa conexão. Enquanto Edom era uma nação verdadeira que foi realmente destruída, os autores da Bíblia ocasionalmente usam-na como um símbolo de todos aqueles que se opõem a Deus e ao seu povo (Joel 3.19; Amós 1.11-12; 9.12). O livro de Obadias provavelmente usa Edom em ambos os sentidos.

O nome Obadias significa "servo do Senhor". É um nome muito comum no Antigo Testamento, usado por treze pessoas diferentes. O profeta Obadias profetiza pouco depois da queda

O terreno acidentado de Edom.

de Jerusalém em 586 a.C; por isso ele foi contemporâneo de Jeremias e Sofonias. Além disso, sabemos muito pouco sobre ele.

Mensagem
Muitos dos outros profetas proclamam uma mensagem similar de três partes, que é direcionada primariamente a Israel/Judá:

1. Você rompeu a aliança. Arrependa-se!;
2. Nenhum arrependimento? Julgamento;
3. Mesmo assim, há uma futura esperança por sua restauração.

Obadias, pelo contrário, é bastante diferente. Ele não prega diretamente a Israel ou a Judá, mas se dirige à nação de Edom. Obadias é breve – apenas um curto capítulo – e sua mensagem está focada em Edom. Obadias proclama que o juízo está vindo a Edom por causa de seu pecado. Porque a nação de Edom traiu Judá e ajudou a saqueá-la, Obadias profetiza a destruição de Edom. Os profetas declaram o julgamento sobre várias nações, mas geralmente essas mesmas nações também são mencionadas no quadro profético da restauração futura, que inclui os gentios como parte do povo de Deus. A situação para Edom, no entanto, parece ser diferente. Obadias (assim como vários outros profetas) proclama o fim de Edom, que será destruída e nunca mais será restaurada. O profeta, então, proclama que Israel, em contraste, será restaurado no futuro e realmente governará a região, uma vez controlada por Edom (vv. 17-21).

Esboço
➢ Julgamento da arrogância e do pecado de Edom (1-14);
➢ Edom destruída, Israel restaurado (15-21).

Acontecimentos mais importantes
- Obadias é o livro mais curto no Antigo Testamento (somente vinte e um versículos);

- Obadias aplica o julgamento do "dia do SENHOR" a Edom;
- A dramática descrição de Edom em Obadias 3–4, retrata, apropriadamente, a área ocupada pelas espetaculares ruínas de Petra, construída por pessoas que destruíram e deslocaram os edomitas.

Os nabateus deslocaram os edomitas e construíram a espetacular cidade de Petra, mostrada aqui.

Conexões
O pequeno livro de Obadias é uma lembrança de que o pecado tem consequências e que Deus, finalmente, julgará todos aqueles que se opõem e se rebelam contra ele. No entanto, o povo de Deus será restaurado e, finalmente, vingado. Neste sentido, a mensagem de Obadias se conecta ao livro do Apocalipse, que incorpora o mesmo tema no final da história humana, quando Deus estabelece seu reino.

Jonas

Preocupação pela salvação dos gentios

Ensino central
Um profeta relutante prega aos pagãos de Nínive, que se arrependam de seu pecado e são libertados.

Versículo para memorizar
> Quando Deus viu o que fizeram e como deixaram seus maus caminhos, voltou atrás e não os destruiu como havia ameaçado.
> Jonas 3.10

Cenário
O próprio livro de Jonas não vincula a mensagem do profeta a um cenário histórico específico, mas identifica o profeta como "Jonas, filho de Amitai", um profeta que também é mencionado em 2Reis 14.25. A partir de 2Reis 14, Jonas pode ser datado do reinado de Jeroboão II (786-746 a.C.), tornando-o um contemporâneo de Oseias e Amós. Durante o reinado de Jeroboão II, a nação de Israel era bastante forte e próspera. Na geração seguinte a Jeroboão II, os assírios subiram ao poder e subjugaram quase todas as nações da região. Durante o tempo de Jonas, no entanto, os assírios ainda estavam um pouco instáveis e relativamente fracos; certamente não eram mais forte do que os israelitas. Nínive era a capital da Assíria e, na época de Jonas, os assírios tinham alcançado a reputação de guerreiros brutais e perversos.

Uma antiga âncora de navio.

Mensagem
Jonas é um livro que ilustra quão tolo é recusar-se a obedecer a Deus, ou tentar fugir de seu chamado. Jonas também é um livro sobre compaixão e preocupação com os inimigos ou com aqueles que são simplesmente diferentes. Deus teve compaixão dos assírios em Nínive, e ele repreende Jonas por sua falta de preocupação com a salvação deles. Além disso, o livro de Jonas sublinha quão sério e escandaloso era, para os israelitas em Jerusalém, ignorar o chamado profético de arrependimento e retorno a Deus. As ações arrependidas dos assírios em Nínive – do rei ao camponês mais humilde (e até as vacas!) – levam à sua libertação, o que contrasta com a atitude obstinada, hostil e impenitente dos reis e dos povos de Israel e de Judá.

Esboço
➢ Jonas, os marinheiros e a libertação (1-2);
➢ Jonas, os ninivitas e a libertação (3-4).

Acontecimentos mais importantes
• Jonas é muito diferente de outros profetas (ele desobedece a Deus, sua audiência o escuta, ele se aborrece quando pessoas são salvas etc.);

Cena de um relevo em um muro assírio, retratando as horríveis consequências para os habitantes da cidade judeia de Laquis, depois de ter sido conquistada pelos assírios.

- Jonas é engolido por um grande peixe, que simboliza tanto libertação quanto julgamento;
- Os eventos de Jonas 1-2 são paralelos aos eventos de Jonas 3-4;
- A mensagem de Jonas (somente um longo versículo) é direcionada aos ninivitas, mas a profecia literal é, provavelmente, direcionada a Israel.

Conexões
Uma das aplicações óbvias que podem ser feitas a partir do livro de Jonas é que, se Deus nos diz para fazer algo, ou para ir a algum lugar, devemos obedecer-lhe. Se Deus nos chama para um trabalho ou ministério específico, somos tolos se pensarmos que podemos fugir dele e da tarefa para a qual nos chamou. Outra lição central para nós, hoje, é a percepção de que a compaixão de Deus é ilimitada; Deus ama todo mundo (até mesmo os assírios cruéis e violentos). Um dos principais temas em toda a Bíblia é que Deus salva as pessoas mais improváveis (a cananeia Raabe, a moabita Rute e toda a cidade de Nínive).

Da mesma forma, a história de Jonas é uma acusação contra nós, se estamos mais preocupados com o nosso próprio bem-estar do que com a situação dos que estão perdidos. Usando a analogia da planta em Jonas 4, estamos mais preocupados com a morte do nosso gramado do que com nosso próximo perecendo?

Miqueias

Justiça, Juízo e Esperança para o Futuro

Ensino central

Por causa da idolatria e do estilo de vida injusto de Israel e Judá, Deus os julga. No entanto, além do juízo, um libertador está vindo para restaurar o povo de Deus.

Versículo para memorizar

Ó povo, o Senhor já lhe declarou o que é bom e o que ele requer de você: que pratique a justiça, ame a misericórdia e ande humildemente com seu Deus.
Miqueias 6.8

Cenário

Miqueias se sobrepõe a Isaías, Amós e Oseias, profetizando durante os reinados de Jotão, Acaz e Ezequias (nos anos posteriores de 700, ou século 8, a.C.). Em 722 a.C., os assírios conquistaram o Reino do Norte de Israel e destruíram completamente a capital Samaria. Então, em 701 a.C., os assírios sitiaram Jerusalém, mas o Senhor interveio a favor do rei Ezequias e derrotou-os (2Reis 17–20; Isaías 36–39). Miqueias pregou neste contexto.

Mensagem

O nome Miqueias significa "quem é como o Senhor". Miqueias clama por justiça na terra. Ele é particularmente crítico com os líderes de Israel e sua falta de justiça. Como resultado da falta de justiça e por causa da idolatria generalizada em Israel e Judá, Miqueias declara que o julgamento de Deus está chegando (a invasão assíria). No entanto, ele também declara um tempo glorioso no futuro, quando Deus enviará um libertador e restaurará seu povo.

"Das suas espadas farão arados, e das suas lanças, foices" (Mq 4.3). Retratado aqui está uma antiga espada e um antigo arado.

Miqueias é um típico profeta pré-exílico, e a essência de sua mensagem se alinha com os três temas-padrão dos profetas:

1. Você (Judá/Israel) rompeu a aliança; você precisa se arrepender!;
2. Nenhum arrependimento? Julgamento!;
3. No entanto, há esperança além do julgamento para uma gloriosa restauração futura, tanto para Judá/Israel como para as nações.

Como em muitos outros livros proféticos, quando Miqueias declara que Israel e Judá romperam a aliança, ele se concentra em três

Vemos uma cena de pessoas sendo deportadas, retratada em um muro em relevo no palácio de Senaqueribe.

80 O Antigo Testamento livro por livro

A Igreja da Natividade, em Belém. Miqueias profetiza que o Libertador/Pastor virá de Belém (5.2).

grandes pecados: idolatria, injustiça social e ritualismo religioso. Da mesma forma (de acordo com os outros livros proféticos), o livro de Deuteronômio fornece o fundo teológico para a mensagem de Miqueias. Quando o profeta declara que Israel e Judá romperam a aliança, ele está se referindo à aliança tal como foi formulada no Deuteronômio.

Esboço
- ➤ Julgamento, mas promessa para o futuro (1–2);
- ➤ Justiça, liderança e Aquele que Vem (3–5);
- ➤ Vida no presente e esperança para o futuro (6–7).

Acontecimentos mais importantes
- Miqueias apresenta um jogo de palavras muito dramático em várias cidades (1.10-15);
- Miqueias profetiza que o futuro Libertador/Pastor virá de Belém (5.2);
- Miqueias usa a poderosa imagem de espadas sendo transformadas em arados para simbolizar a paz que o Messias vai trazer (4.3).

Conexões

Miqueias 6.6-8 é especialmente aplicável para os dias de hoje. O que Deus quer de nós? O ritual é suficiente (por exemplo, constante frequência à igreja)? Obviamente não. Deus quer que nossa vida seja caracterizada pela justiça e por um profundo e zeloso desejo de amor e misericórdia ao vivermos, dia a dia, um íntimo relacionamento com ele, reconhecendo-o humildemente como nosso Criador e Salvador. Somente neste contexto, nossos rituais (como fazemos na igreja) têm significado e refletem a verdadeira adoração a Deus.

A clara identificação que Miqueias faz de Belém, como o lugar onde nascerá o Messias (5.2), ilustra o poderoso aspecto preditivo dos profetas do Antigo Testamento, confirmando que Jesus é, de fato, o cumprimento do Antigo Testamento. Isso deve nos encorajar a confiar em Deus, que claramente tem o controle da história e está se movimentando para realizar o seu plano.

Naum

O fim de Nínive

Ensino central

Deus vai destruir Nínive, a capital dos assírios, por subjugar brutalmente outras nações.

Versículo para memorizar

> O SENHOR é bom; é forte refúgio quando vem a aflição. Está perto dos que nele confiam.
> Naum 1.7

Cenário

Os doze profetas menores estão inter-relacionados, e também servem para equilibrar e complementar uns aos outros. Durante o reinado de Jeroboão II (786-746 a.C.), conforme registrado anteriormente no livro de Jonas, a cidade de Nínive se arrepende e escapa do julgamento de Deus. O livro de Naum revela que o arrependimento de Nínive foi, aparentemente, de curta duração. No final da metade do século 8 e durante a primeira metade do século 7, os assírios (cuja capital estava em Nínive) continuaram a crescer em poder e ferocidade, expandindo seu império por todo o caminho até o Egito. Eles destruíram completamente o Reino do Norte de Israel em 722 a.C. e sitiaram Jerusalém em 701 a.C. Os profetas maiores - Isaías, Jeremias e Ezequiel - contêm todas as seções que profetizam julgamento sobre as nações poderosas da região. Naum funciona de forma um tanto semelhante dentro do Livro dos Doze (os profetas menores), anunciando julgamento sobre o poder mundial dominante naquele contexto, a Assíria.

A cidade de Tebas, no Egito, foi destruída pelos assírios em 663 a.C. Nínive foi destruída pelos babilônios em 612 a.C. Naum escreve entre esses dois eventos – depois da queda de Tebas e antes da queda de Nínive. Nessa época da história, os brutais assírios dominavam o antigo Oriente.

Naum pergunta aos ninivitas: "Acaso você é melhor do que Tebas?" (3.8). Ele está se referindo à destruição da cidade de Tebas, que os assírios destruíram poucos anos antes. Estas figuras são parte das extensas relíquias de Tebas.

Aqui está uma cena agradável de um relevo de parede do rei assírio Asurbanipal. A esposa e ele estão jantando ao som de música no jardim, mas observam a cena espantosa da cabeça de um de seus inimigos pendurada na árvore à esquerda.

Mensagem

Naum proclama o julgamento sobre os assírios e a destruição de sua capital, Nínive. Nos versículos iniciais, Naum declara que o Senhor vai julgar seus inimigos, e em todo o livro ele descreve o julgamento vindouro sobre Nínive, usando linguagem dramática e rica em imagens. Por exemplo, em 2.11 ele compara a destruição de Nínive à ruína de um covil de leões; os filhotes e a leoa já não podem comer com segurança onde eles já comeram. Naum termina o livro dizendo que todo aquele que ouve sobre a queda da Assíria baterá palmas de alegria, pois sentiram a mão cruel do exército assírio.

Esboço

- ➢ A ira de Deus contra seus inimigos como Nínive (1.1-11);
- ➢ Destruição em Nínive; restauração e paz em Judá (1.12-15);
- ➢ Ataque e destruição de Nínive (2.1–3.19).

Acontecimentos mais importantes

- Naum provoca o rei da Assíria com o julgamento vindouro: "Quem ouve notícias a seu respeito bate palmas pela sua queda" (3.19);
- Naum menciona a destruição da cidade egípcia de Tebas, um importante evento na história do Egito;
- Naum se equilibra com o livro de Jonas, onde os ninivitas escapam do julgamento em razão de seu arrependimento.

Conexões

Naum é um lembrete de que Deus finalmente traz juízo e castigo sobre aqueles que se opõem a ele e oprimem seu povo. No livro de Jonas, Deus responde com compaixão e perdão ao povo de Nínive, quando se humilham, jejuam, cessam de fazer maldades e clamam a Deus por libertação. Porém, com o passar do tempo, a Assíria se torna uma nação que ergue um império brutal e perverso, despertando a ira de Deus. Por causa da falta de arrependimento da geração atual, Deus os julga, usando os babilônios para destruir Nínive, exatamente como Naum previu.

Habacuque

Conversando com Deus sobre o julgamento

Ritons, grandes vasos que eram uma espécie de copos feitos para misturar e beber vinho, foram encontrados em numerosos sítios arqueológicos. Este foi encontrado na Síria (século 5 a.C.). Habacuque, bem como vários outros profetas, usa a imagem de beber vinho como um juízo. Ele declara: "A taça da mão direita do SENHOR é dada a você" (2.16).

Ensino central

Habacuque questiona o Senhor, mas aprende, então, a aceitar o plano soberano de Deus em levantar os babilônios para julgar as injustiças e a idolatria de Judá.

Versículo para memorizar

O justo, porém, viverá por sua fidelidade a Deus. Habacuque 2.4

Cenário

O livro de Habacuque não tem uma história de abertura que o ligue ao reinado de um determinado rei, mas em 1.6 indica que o estabelecimento de Habacuque está no Reino do Sul de Judá, imediatamente antes de uma das invasões babilônicas (597 a.C. ou 587/586 a.C.). Isso tornaria Habacuque um contemporâneo de Jeremias e Sofonias. Josias, o último bom rei de Judá, foi morto por um exército egípcio em 609 a.C., e os reis que lhe sucederam, juntamente com os nobres e a maioria dos sacerdotes e profetas da corte (ou seja, falsos profetas), rapidamente conduziram a nação a um profundo declínio moral e teológico. O livro de Jeremias fornece uma boa imagem da flagrante idolatria e da injustiça social que caracterizaram Jerusalém na época de Habacuque. O profeta é uma das poucas pessoas, juntamente com os outros verdadeiros profetas como Jeremias e Sofonias, que reagem contra essa degeneração.

Relevo em muro descrevendo uma cavalaria assíria.

Mensagem

Às vezes, olhamos para o mal e o pecado ao nosso redor e nos perguntamos por que Deus não faz nada a respeito. É exatamente o que o profeta Habacuque fez. Ele viu coisas terríveis em seu país natal, Judá, e se queixou com Deus: "Por que me fazes ver a injustiça, e contemplar a maldade?" (1.3). O livro de Habacuque mostra como Deus responde ao profeta, e como ele recebe essa resposta. Essencial-

84 O Antigo Testamento livro por livro

mente, Habacuque segue a mensagem profética padrão, em três partes:

1. Você (Judá) quebrou o pacto; você precisa se arrepender;
2. Nenhum arrependimento? Julgamento!;
3. No entanto, há esperança além do julgamento para uma gloriosa restauração futura.

Porém, o estilo de Habacuque é bastante diferente de outros livros proféticos, porque o livro é estruturado como um diálogo entre o profeta e Deus.

Esboço

➢ Habacuque pergunta a Deus: Por que o Senhor não faz nada a respeito da injustiça em Judá? (1.1-4);
➢ Deus responde a Habacuque: Estou fazendo algo – suscitando os babilônios (1.5-11);
➢ Habacuque faz uma pergunta, de imediato: Como isso poderá dar certo? Eles são piores que nós (1.12–2.1);
➢ Deus responde a Habacuque: O julgamento vindouro é certo (2.2-20);
➢ Habacuque faz uma declaração conclusiva: Esperarei pelo julgamento e me alegrarei em Deus (3.1-19).

Acontecimentos mais importantes

- O livro de Habacuque é um diálogo entre o profeta e Deus;
- Habacuque questiona a razão de Deus permitir que a injustiça persista em Judá;
- No Novo Testamento, Paulo usa Habacuque 2.4 como um versículo fundamental para explicar o que é justificação pela fé (Rm 1.17; Gl 3.11);
- Habacuque aprende a se alegrar em Deus, mesmo quando o julgamento vindouro está sobre Judá, seu país natal.

Conexões

Habacuque nos ensina que, muitas vezes, não entendemos como Deus trabalha. Às vezes, como Habacuque, perguntamos por que Deus não intervém e faz algo agora. Este livro nos ensina a confiar no plano em longo prazo de Deus e esperar pacientemente enquanto isso, regozijando-nos no controle do Senhor sobre o resultado. Além disso, como Paulo tão bem explica em Romanos e Gálatas, a fé é componente crítico de um verdadeiro relacionamento com Deus e deve ser um elemento central em nossa compreensão do cotidiano, de como Deus trabalha no mundo. Fé, vida e salvação são indissociáveis.

O livro de Habacuque é situado pouco antes da ascensão dos babilônios ao poder. Esta tábua de argila dá uma descrição da captura babilônica de Nínive, a capital assíria, um evento crítico na mudança no poder da Assíria para a Babilônia.

Sofonias

O dia do SENHOR está próximo

Ensino central
O "dia do Senhor" está vindo – um tempo de juízo sobre os inimigos de Deus, mas também um tempo de restauração e bênção para aqueles que confiam nele.

Versículo para memorizar
> Pois o SENHOR, seu Deus, está em seu meio; ele é um Salvador poderoso. Ele se agradará de vocês com exultação e acalmará todos os seus medos com amor; ele se alegrará em vocês com gritos de alegria!
> Sofonias 3.17

Cenário
Sofonias 1.1 coloca o ministério deste profeta durante o reinado de Josias, o último bom rei de Judá (640-609 a.C.) e um dos poucos que obedeceu e adorou somente a Deus. O ministério de Sofonias sobrepôs-se aos primeiros anos de Jeremias.

No início do reinado de Josias, os assírios ainda dominavam a região, expulsando os cuxitas do Egito e destruindo Tebas, o centro da dominação religiosa cuxita do Egito (ver Na 3.8-10). Mas ao leste da Assíria, os babilônios subiram ao poder. No final do reinado de Josias, os assírios batiam em retirada, e os babilônios estavam se expandindo agressivamente.

Mensagem
Como os outros profetas pré-exílicos, a mensagem básica de Sofonias pode ser sintetizada nos três temas proféticos dominantes:

1. Você (Judá) rompeu a aliança; você precisa se arrepender;
2. Nenhum arrependimento? Julgamento!;
3. No entanto, há esperança além do julgamento, uma gloriosa restauração futura, tanto para Israel/Judá como para as nações.

Sofonias acusa Judá das mesmas violações básicas da aliança que enfurecem os outros profetas – idolatria, injustiça social e ritualismo religioso. Sofonias também se refere frequentemente ao "dia do SENHOR", um tempo de julgamento sobre os inimigos de Deus – isto é, os que se opõem a Deus, oprimem seu povo ou se rebelam contra ele. É também um tempo de julgamento sobre Israel e Judá por sua rejeição a Deus e seus terríveis pecados contra a aliança. Entretanto, para o verdadeiro povo de Deus que confia nele, o dia do Senhor é um tempo maravilhoso de bênção e restauração.

Cilindro de barro com uma inscrição de Nabucodonosor, registrando como ele restaurou um templo para Shamash, o deus sol.

Sofonias prega juízo sobre as cidades da Filisteia (2.4-7). Foto das ruínas da cidade filisteia de Ascalom.

Esboço
- Julgamento: o dia do Senhor (1.1–2.3);
- Juízo sobre as nações (2.4-15);
- Juízo sobre Jerusalém (3.1-8);
- Restauração de Jerusalém (3.9-13);
- Regozijo na salvação do Senhor (3.14-20).

Acontecimentos mais importantes
- Sofonias é chamado de "filho de Cuxe", implicando algum tipo de conexão à antiga Cuxe, na África;
- O "dia do SENHOR" é um tema central de Sofonias;
- Sofonias pregou salvação para todas as pessoas da terra;
- Sofonias declara que Deus canta quando ele se alegra com o seu povo.

Conexões

Como os outros profetas, Sofonias condena toda piedade superficial declarando, inequivocamente, que pessoas arrogantes, desafiadoras e rebeldes, que ignoram o chamado de Deus e rejeitam sua mensagem, podem esperar um severo julgamento do Senhor. Os profetas não são obscuros sobre este assunto. O pecado é algo sério; Deus não se limita a olhar para o outro lado ou ignorá-lo. Por sua vez, Sofonias proclama uma mensagem que prefigura o evangelho. Deus fornece um caminho de salvação para aqueles que, obediente e humildemente, o procuram e escutam sua mensagem.

Outra aplicação interessante é que a mensagem de Sofonias pode nos ajudar a conhecer melhor a Deus. Muitas pessoas imaginam Deus como alguém sombrio e frio, um homem velho de barba, com a cara fechada, sentado em um trono. Sofonias retrata Deus como alguém que canta e se alegra com os que são salvos. Poderíamos idealizar que quando virmos Deus pela primeira vez, ele estará sentado em um trono alto, talvez olhando para nós com severidade. Sofonias apresenta a ideia de que Deus pode estar transbordando de emoção e alegria, à medida que ele se expressa com uma alegre canção!

Sofonias **87**

Ageu

Reconstruindo o templo

Ensino central
Ageu exorta os exilados que retornaram a Jerusalém a colocar de lado atitudes egoístas e reconstruir o templo de Deus.

Versículo para memorizar
> Por que vocês vivem em casas luxuosas enquanto minha casa continua em ruínas?
> Ageu 1.4

Cenário
Ageu era um profeta que vivia em Jerusalém durante o tempo pós-exílico, entregando as palavras de sua profecia em 520 a.C. Os israelitas exilados tinham retornado recentemente da Babilônia e estavam começando a reconstruir a cidade de Jerusalém. Ao longo do livro, a referência contínua ao reinado dos reis persas (1.1, 15, 2.10) lembra ao leitor que os persas ainda dominavam a área e que os reis da linhagem de Davi não se sentaram no trono em Jerusalém.

Mensagem
Muitos dos exilados israelitas retornaram a Israel depois que o rei persa, Ciro, decretou que tais povos poderiam voltar para suas terras. Mas tal retorno era difícil. Os recursos eram escassos e esses ex-exilados não eram ricos. Enquanto se reinstalavam em Jerusalém, começaram a reconstruir a sociedade e a estrutura comercial, as pessoas ficaram tão concentradas em seu próprio bem-estar pessoal, que negligenciaram manter seu foco em Deus. Elas abandonaram qualquer ideia de reconstruir o templo de Deus, relegando, assim, a adoração a Deus às margens de suas preocupações. Ageu, no entanto, as confronta a respeito dessa marginalização de Deus e as convence a concentrarem-se novamente em adorá-lo. O primeiro passo, Ageu proclama, é reconstruir o templo, que é o tema principal de seu livro.

As pessoas trabalham energicamente na reconstrução do templo, mas simplesmente não têm os recursos para construir um edifício impressionante, muito menos uma estrutura espetacular como o seu antepassado Salomão construiu. Como resultado, elas estão decepcionadas em seu novo templo. Deus, no entanto, não parece incomodado com isso, e exorta-as a serem fortes e continuarem a obra, reafirmando que "Eu estou com vocês" (2.4). A presença de Deus entre elas é mais importante do que o esplendor das pedras na estrutura física do templo. Em 2.9 o Senhor declara: "A glória deste novo templo será maior do que a do antigo". Essa é uma declaração surpreendente, em especial quando se compara a estrutura reconstruída com a espetacular grandiosidade do templo de Salomão.

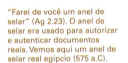

"Farei de você um anel de selar" (Ag 2.23). O anel de selar era usado para autorizar e autenticar documentos reais. Vemos aqui um anel de selar real egípcio (575 a.C).

Uma maquete do segundo templo, no período de Herodes.

Entretanto, a promessa de Deus é cumprida quando Jesus Cristo entra neste templo, 550 anos depois, trazendo tal glória com ele, ofuscando a glória do templo de Salomão, mesmo com todo seu ouro e esplendor.

Esboço
- O chamado para reconstruir o templo (1.1-15);
- A futura glória do templo (2.1-9);
- Mudando de impuros para abençoados (2.10-19);
- Restauração por meio do governante do Senhor (2.20-23).

Acontecimentos mais importantes
- O livro de Ageu acentua a dominação persa;
- Ageu enfatiza a reconstrução do templo;
- Ageu fala da glória futura (Cristo) que virá para esse templo.

Conexões

Para muitos de nós na igreja hoje, Ageu nos atinge bem em cheio. Ele acusa o povo de Jerusalém de ter suas prioridades embaralhadas; eles estão mais preocupados com suas próprias casas do que com a adoração a Deus. Isso se aplica a nós hoje? Certamente. Gastamos mais tempo e dinheiro em nós mesmos, dedicando ao Senhor, quando muito, as nossas sobras. Ageu nos orienta a fazer do serviço e da adoração a Deus nossa prioridade máxima em tudo, incluindo nossos orçamentos.

Zacarias

Olhando para o futuro

Antiga lamparina a óleo.

Ensino central
Zacarias encoraja os exilados que retornaram a reconstruir o templo e manter sua esperança fielmente focada no Messias vindouro..

Versículo para memorizar
Não por força, nem por poder, mas pelo meu Espírito, diz o Senhor dos Exércitos.
Zacarias 4.6

Cenário
Zacarias nos fornece várias datas precisas para seu ministério, todas ligadas ao reinado de Dario, o poderoso rei da Pérsia. Essas datas posicionam o ministério de Zacarias nos anos 520-518 a.C. e o torna um contemporâneo de Ageu. Sendo assim, o contexto de sua fala é a situação pós-exílio. O terrível julgamento previsto pelos profetas pré-exílicos (a invasão babilônica, a destruição de Jerusalém e o exílio) veio e se foi. Pelo menos alguns dos israelitas estão de volta a terra, tentando restabelecer a nação aniquilada. A menção frequente de Zacarias ao rei persa Dario é um lembrete de que a situação pós-exílio não é a gloriosa restauração que foi prometida por Isaías, Jeremias e os demais profetas pré-exílio; essa restauração será caracterizada por um poderoso

Em Zacarias 4, o profeta descreve uma visão envolvendo duas oliveiras. Essas árvores ainda crescem hoje por todo o Oriente Médio.

rei Davídico, governando Israel com todas as outras nações subordinadas a ele. Como Ezequiel, Zacarias provavelmente era um sacerdote. Seu nome significa "o Senhor se lembra", o que se relaciona muito bem com a mensagem do livro.

Mensagem
Enquanto a maioria dos profetas enfatiza a violação da aliança e o julgamento, Zacarias se concentra mais no futuro, quando o Messias virá e gloriosamente restaurará seu povo (e as nações) ao relacionamento com ele. Como Ageu, Zacarias está muito preocupado com a reconstrução do templo, mas, como Ezequiel, Zacarias também aponta para algo maior e mais espetacular, além do templo físico que eles estão construindo. Entrelaçada nessa visão futura está a presença de Deus, um tema constante nos livros proféticos. Como muitos dos outros livros proféticos, Zacarias se dirige às nações estrangeiras. Ele proclama julgamento sobre elas por suas ações pecaminosas, mas também as inclui em sua imagem de um futuro glorioso, quando elas virão para Jerusalém para adorar a Deus.

Um jumento no Oriente Médio nos dias de hoje.

Esboço
> Visões, justiça e restauração (1-8):
– O introdutório chamado ao arrependimento (1.1-6);
– Oito visões (1.7–6.8);
– A coroação simbólica do sumo sacerdote (6.9-15);
– Um chamado a viver pela justiça (7.1-14);
– Restauração futura (8.1-23).
> O Messias vindouro (9-14):
– Oráculo 1: o advento e a rejeição daquele que vem (9.1–11.17);
– Oráculo 2: o advento e aceitação daquele que vem (12.1–14.21).

Acontecimentos mais importantes
• Zacarias contém algumas visões bem incomuns (como um rolo voador e uma mulher num cesto);
• Muitas visões e imagens no livro de Apocalipse estão conectadas a Zacarias;
• Zacarias descreve o Rei vindouro entrando em Jerusalém em um jumento;
• Zacarias diz que o Espírito de Deus irá capacitar aqueles que cumprem os planos de Deus.

Conexões
Zacarias é repleto de inúmeras referências proféticas ao Messias – profecias que foram cumpridas em Jesus Cristo. Isso deve ajudar a convencer-nos, sem sombra de dúvida, de que Jesus é realmente o Messias, que foi prometido por Deus por intermédio dos profetas do Antigo Testamento. Zacarias também nos dá inúmeras diretrizes para o nosso dia a dia. Ele aponta que as realizações importantes da vida não são alcançadas pela força ou poder humanos, mas pelo Espírito de Deus. Zacarias nos lembra da estreita associação entre a santidade de Deus, sua presença e seu poder, posto à nossa disposição. Além disso, ele ecoa o sempre presente tema profético da justiça social, admoestando-nos: "Administrem a verdadeira justiça, mostrem misericórdia e compaixão uns para com os outros. Não oprimam a viúva e o órfão, nem o estrangeiro e o necessitado" (7.9-10).

Malaquias

Adore fielmente e aguarde com expectativa

Pás de incenso ornamentadas como estas eram frequentemente usadas na adoração do templo para remover cinzas dos queimadores de incenso. Malaquias repreende os sacerdotes de Jerusalém pela sua adoração corrupta, hipócrita e ritualística.

Ensino central

Os exilados que retornaram a Judá deverão adorar a Deus fielmente, enquanto aguardam com expectativa pelo tempo da restauração.

Versículo para memorizar

> Vejam, eu lhes envio o profeta Elias antes da vinda do grande e terrível dia do Senhor.
> Malaquias 4.5

Cenário

O nome Malaquias significa "meu mensageiro". Ao contrário de Ageu, Malaquias não contém nenhuma introdução histórica que ligue seu ministério ao reinado de um rei específico. É difícil até mesmo datar Malaquias com precisão. No entanto, a situação que ele parece abordar em seu livro parece muito semelhante à que Neemias encontrou. Se Malaquias era de fato um contemporâneo de Neemias, então a ambientação deste livro é por volta de 430 a.C., noventa anos depois de Ageu e Zacarias.

Mensagem

Malaquias se dirige à comunidade pós-exílica – aqueles israelitas que retornaram a Jerusalém e às áreas circunvizinhas após o cativeiro babilônico. Alguns podem ter pensado que esse retorno era a grande e gloriosa restauração que os profetas anteriores predisseram, mas os profetas pós-exílicos (Malaquias, Ageu e Zacarias) discordam e recordam a todos que o grande dia do Senhor ainda está por vir, mesmo que o retorno dos exilados possa ser visto como o início precoce do desdobramento do plano de restauração divino.

Malaquias está particularmente preocupado em como Israel viverá e adorará a Deus, enquanto esperam o dia do Senhor. Ele fala intensamente contra as formas corruptas de culto e a vida cotidiana que estão ocorrendo em seu tempo – sacrifícios inaceitáveis, sacerdotes corruptos, recusa de dízimos e de apoio ao templo e injustiça social.

Esboço

- ➢ Diálogo 1: O amor de Deus por Israel (1.1-5);
- ➢ Diálogo 2: A corrupção do sacerdócio (1.6–2.9);
- ➢ Diálogo 3: Infidelidade – divórcio e casamentos pagãos (2.10-16);
- ➢ Diálogo 4: Quando Deus fará justiça? (2.17–3.5);
- ➢ Diálogo 5: Você roubará Deus? (3.6-12);
- ➢ Diálogo 6: Livramento para os justos, julgamento para os ímpios (3.13–4.3);
- ➢ Conclusão: Obedeça e espere (4.4-6).

Acontecimentos mais importantes

- Malaquias encerra o Livro dos Doze (os profetas menores) com o mes-

Enquanto Israel espera pelo Messias, ele deve obedecer às leis e aos ensinamentos (Torá) que Deus deu a Moisés no monte Horebe (monte Sinai).

mo tema que iniciou – o amor de Deus por seu povo;
- Malaquias é estruturado em torno de seis diálogos (ou discórdias) entre Deus e seu povo;
- Malaquias profetiza que Elias voltaria, sinalizando a inauguração do dia do Senhor;
- Malaquias contém a mais forte linguagem contra o divórcio no Antigo Testamento (2.10-16);
- Em Malaquias, Deus acusa Israel de ter "roubado de Deus" (3.8) porque eles não deram o dízimo.

Conexões

Há muitas grandes aplicações para nós a partir do breve livro de Malaquias. Podemos ver como é importante adorar a Deus com sinceridade, com um coração sincero, em vez de maneira ritualística ou hipócrita. Da mesma forma, Malaquias nos lembra de que não apoiar a verdadeira adoração a Deus é uma forma de roubo. Se deixarmos de dar o dízimo às nossas igrejas locais, ficando com esse dinheiro para nós mesmos, não estamos adorando a Deus com sinceridade; na verdade, estamos roubando dele.

O livro de Malaquias também acrescenta o testemunho dos outros livros bíblicos a respeito da intenção de Deus para o casamento – que tanto o marido quanto a esposa permaneçam fiéis um ao outro. Além disso, Malaquias exorta-nos a casar dentro da fé.

Finalmente, Malaquias nos encoraja a continuar olhando com expectativa para o futuro. Não devemos desanimar ou nos tornar cínicos apenas porque os ímpios estão caindo por um curto período de tempo. Devemos confiar na palavra de Deus por meio dos profetas; ele está trabalhando para trazer o seu reino e para estabelecer a justiça em todo o mundo. Quando o Senhor voltar, todas as coisas estarão sob seu governo. A justiça será estabelecida, e o povo de Deus será abençoado além do que se pode imaginar.

Profecias messiânicas do Antigo Testamento

Toda a história do Antigo Testamento aponta para um tempo futuro, em que Deus enviará um rei messiânico para restaurar todas as coisas, tornando a salvação disponível para todos os que a aceitarem. A vinda de Jesus Cristo no Novo Testamento é a culminância de todo o Antigo Testamento. Quando colocado no contexto da história maior, tudo no Antigo Testamento aponta para Cristo.

Porém, enquanto todas as histórias, temas e profecias do Antigo Testamento, em geral e coletivamente, apontam para Cristo, numerosas profecias no Antigo Testamento especificamente profetizam detalhes sobre Jesus, aquele que vem. Nem todas essas profecias podem ser apresentadas aqui, mas temos listadas, a seguir, algumas das mais significativas.

O Messias será da tribo de Judá. "O cetro não se apartará de Judá, nem o bastão de comando de seus descendentes, até que venha aquele a quem ele pertence, e a ele as nações obedecerão" (Gn 49.10; Mt.1.1-3).

O Messias nascerá na cidade de Belém. "Mas tu, Belém-Efrata, embora sejas pequena entre os clãs de Judá, de ti virá para mim aquele que será o governante sobre Israel. Suas origens estão no passado distante, em tempos antigos" (Mq 5.2; Mt 2.1-6).

O Messias será um filho muito especial, nascido de uma virgem e chamado "Deus conosco" (Emanuel); ele reinará no trono de Davi. "Por isso o Senhor mesmo dará a vocês um sinal: a virgem ficará grávida e dará à luz um filho, e o chamará Emanuel... Porque um menino nos nasceu, um filho nos foi dado, e o governo está sobre os seus ombros. E ele será chamado Maravilhoso Conselheiro, Deus Poderoso, Pai Eterno, Príncipe da Paz. Ele estenderá o seu domínio, e haverá paz sem fim sobre o trono de Davi e sobre o seu reino, estabelecido e mantido com justiça e retidão, desde agora e para sempre" (Isaías 7.14; 9.6-7; Mateus 1.18-23).

O Messias será precedido por um mensageiro profético especial (João Batista). "Uma voz clama: 'No deserto preparem o caminho para o SENHOR; façam no deserto um caminho reto para o nosso Deus. Todos os vales serão levantados, todos os montes e colinas serão aplanados; os terrenos acidentados se tornarão planos; as escarpas serão niveladas. A glória do SENHOR será revelada, e, juntos, todos a verão. Pois é o SENHOR quem fala" (Is 40.3-5; Mt 3.1-3).

O Messias não somente restaurará o remanescente de Israel, mas também será uma luz para os gentios (não judeus). "Para você é coisa pequena demais ser meu servo para restaurar as tribos de Jacó e trazer de volta aqueles de Israel que eu guardei. Também farei de você uma luz para os gentios, para que você leve a minha salvação até os confins da terra" (Is 49.6; Lc 2.25-32; Jo 1.4-9; At 13.47).

O Messias trará boas-novas ao pobre e ao oprimido. "O Espírito do Soberano, o SENHOR, está sobre mim, porque o SENHOR ungiu-me para levar boas notícias aos pobres. Enviou-me para cuidar dos que estão com o coração quebrantado, anunciar liberdade aos cativos e libertação das trevas aos prisioneiros [...]para consolar todos os que andam tristes" (Is 61.1-2; Lc 4.18-19).

O Messias cuidará de seu povo como um bom pastor. "Eu mesmo buscarei as minhas ovelhas e delas cuidarei. Assim como o pastor busca as ovelhas dispersas quando está cuidando do rebanho, também tomarei conta de minhas ovelhas. Eu as resgatarei [...] Eu as farei sair das outras nações e as reunirei, trazendo-as dos outros povos para a sua própria terra. E as apascentarei [...] Tomarei conta delas [...] Procurarei as perdidas e trarei de volta as desviadas [...] Porei sobre elas um pastor, o meu servo Davi, e ele cuidará delas; cuidará delas e será o seu pastor" (Ez 34.11-14; 16, 23; Jo 10.1-30).

O Messias dará a sua vida como um substituto pelas pessoas que ele salva. "Certamente ele tomou sobre si as nossas enfermidades e sobre si levou as nossas doenças [...] Mas ele foi transpassado por causa das nossas transgressões, foi esmagado por causa de nossas iniquidades; o castigo que nos trouxe paz estava sobre ele, e pelas suas feridas fomos curados. Todos nós, tal qual ovelhas, nos desviamos, cada um de nós se voltou para o seu próprio caminho; e o Senhor fez cair sobre ele a iniquidade de todos nós" (Is 53.4-6; Mc 10.45; Rm 3.23-25).

O Messias será chamado de "Filho do homem" e voltará com as nuvens do céu. "Vi alguém semelhante a um filho de homem, vindo com as nuvens dos céus. Ele se aproximou do ancião e foi conduzido à sua presença. Ele recebeu autoridade, glória e reino; todos os povos, nações e homens de todas as línguas o adoraram" (Dn 7.13-14; Mt 24.30-31; Mc 13.26-27; Lc 21.27).

Entre os Testamentos

O tempo entre o Antigo e o Novo Testamentos cobre aproximadamente quatrocentos anos, começando por volta de 430 a.C.[1] Durante esse período, a potência mundial mudou da Ásia para a Europa. O Império Persa desmoronou sob os ataques dos macedônios, e o Império Grego acabou cedendo ao domínio romano.

O período persa se estende desde o final da história do Antigo Testamento até 334 a.C. Em 539 a.C., Ciro da Pérsia conquistou a Babilônia e começou a governar sobre seus territórios. O império de Ciro se espalhou da Grécia para a Índia e do Cáucaso para o Egito, durante o período em que Ciro permitiu que os judeus retornassem à Judeia e reconstruíssem seu templo e sua cidade. O governo persa da Palestina geralmente era tolerante. Durante o século 4 a.C., o Império Persa de Ciro começou a desmoronar, e o poder europeu se moveu para a Palestina.

Moeda de prata retratando o perfil de Alexandre, o Grande.

Filipe II, da Macedônia, iniciou um novo período na história da Palestina depois de unir às cidades-estado da Grécia e da Macedônia. O filho de Filipe, Alexandre III ("o Grande"), derrotou a Pérsia no campo de batalha, unificando assim o Egito, a Palestina, a Síria, a Ásia Menor, a Grécia e o território persa num extenso império. O império expandido foi administrado seguindo os princípios da *polis* grega (cidade-estado), com a Grécia formando novas cidades e remodelando cidades existentes. Esse processo de fundir a cultura grega com culturas nativas (conhecido como "helenização") continuou durante todo o período intertestamentário. Depois da morte de Alexandre em 323 a.C., seu império foi dividido entre seus quatro generais, os Diadochi ("sucessores"). Os generais mais significativos para a Palestina foram Ptolomeu I, cujas forças mantinham o Egito e o Norte da África, e Seleucus Nicator (Seleuco I), cujos exércitos conseguiram a Síria, a Ásia Menor e a Babilônia.

Os reis ptolomaicos governaram a Palestina de 323 a 198 a.C., permitindo aos judeus governar e exercer seus costumes religiosos. Em 198 a.C., Antíoco III, governante dos seleucidas, derrotou seu rival ptolomaico e anexou a Palestina, continuando a política de tolerância religiosa dos Ptolomeu.

Em 175 a.C., no entanto, Antíoco IV "Epifânio" ("o deus manifesto") chegou ao poder, o que desencadeou a crise mais significativa do Segundo Templo de Jerusalém, antes da invasão

---

[1] A maior parte deste artigo foi extraída do texto de James L. Johns sobre o período intertestamentário, publicado em *Baker Illustrated Bible Handbook* (Grand Rapids: Baker Books, 2011), 465-468.

de Pompeu e do início do domínio romano. Junto com outros em Jerusalém, Antíoco IV apoiou a radical helenização dos judeus. Ele baniu o judaísmo, tornou compulsórias as práticas pagãs de adoração e trouxe mercenários estrangeiros para manter a ordem. Um altar ao deus sírio Zeus foi erguido no templo. Em 167 a.C., os animais proibidos pela lei mosaica foram sacrificados no altar, e a prostituição foi sancionada nos recintos do templo.

Os Hasmoneus, uma família sacerdotal nomeada por um de seus antepassados e formada por um homem chamado Matatias e seus filhos, levantaram uma revolta que se provou bem-sucedida após uma intensa batalha (essa família também era chamada Macabeus, do apelido de Macabeu ou "o Martelo", que foi dado a Judas, um dos filhos de Matatias). Judas Macabeu e seus revolucionários derrotaram os sírios e retomaram o templo em 164 a.C. Entretanto, a dinastia de Hasmoneu deteriorou-se com uma liderança fraca, porque os objetivos políticos dos hasmoneus alienaram muitos antigos apoiadores, incluindo hassídios, que se dividiram entre fariseus e essênios. Os partidários aristocráticos dos sacerdotes-reis hasmoneus tornaram-se os saduceus. Próximo do fim da dinastia de Hasmoneu, os fariseus dominaram o país. Em 67 a.C., uma guerra se deflagrou entre dois irmãos, Hircano II e Aristóbulo II, que lutaram pelo título de sumo sacerdote e rei. Ambos apelaram a Roma para resolver a questão, convidando efetivamente o general romano Pompeu a conquistar Jerusalém em 63 a.C. e levar a Judeia sob controle romano.

Sob seus imperadores, a cultura romana permaneceu em grande parte helenística, com as contribuições romanas da administração cen-

Alexandre, o Grande, cumpre a profecia de Daniel 8.

tral e a promessa de paz por meio de uma força superior. Pompeu, o general romano que tomou o controle de Jerusalém e dos arredores, delegou grande parte do antigo território hasmoneu, ao governador romano da Síria. Depois de conferir o título de sumo sacerdote a Hircano II, Pompeu nomeou um idumeu (um descendente de Esaú) chamado Antípatro e seus filhos, Fasel e Herodes, como governadores da Judeia e da Galileia. Os anos de limitado controle religioso de Hircano II terminaram com a derrota pelos partas. Por sua vez, Roma derrotou os partas e então confirmou Herodes ("o grande") como governador em 37 a.C.

Durante esses primeiros anos de domínio romano, Roma geralmente era bastante tolerante para com o judaísmo. Além disso, o poder romano proporcionou um período de relativa paz na região. No entanto, ao longo do período de dominação romana, movimentos esporádicos de resistência judaica surgiram. Herodes era um governante eficiente e um político inteligente, que mantinha Roma satisfeita. Entre seus muitos projetos de construção, talvez sua maior contribuição tenha sido a expansão e benfeitorias estéticas no templo em Jerusalém. Herodes é também conhecido por promover a cultura helenística (grega) em todo o seu reino. O reinado de Herodes foi envolvido com intrigas políticas internas, complôs, assassinatos, guerras e brutalidade até sua morte em 4 a.C. Sem a capacidade e a ambição de seu pai, os filhos de Herodes governaram partes separadas da Palestina no período do Novo Testamento.

O NOVO TESTAMENTO

Um panorama

O Novo Testamento foi escrito originalmente em grego, a língua comum de grande parte do Império Romano durante o século 1 d.C. A principal preocupação do Novo Testamento é a aliança, estabelecida pela vida, morte e ressurreição de Jesus Cristo, e as pessoas que abraçam essa aliança, a igreja. Historicamente, todo o período do Novo Testamento cobre menos de cem anos, e os escritos do Novo Testamento incluem os Evangelhos, o livro de Atos, as Cartas de Paulo, as Cartas Gerais e o livro de Apocalipse.

Os quatro Evangelhos

Os quatro Evangelhos – Mateus, Marcos, Lucas e João – contam a história de Jesus Cristo. A palavra "evangelho" vem da expressão grega *evangelion*, que significa "boas-novas". Esses quatro livros contam as boas-novas da salvação que Deus providenciou em Jesus Cristo por meio de seu poderoso ministério, sua morte expiatória e sua ressurreição milagrosa. Enquanto o termo "evangelho" se refere à mensagem sobre Jesus, ele veio a ser usado para se referir aos relatos escritos desta mensagem – os quatro Evangelhos. Os três primeiros evangelhos são conhecidos como Evangelhos sinópticos porque podem ser colocados lado a lado e "vistos juntos" (sin-ópticos), enquanto o Evangelho de João segue uma cronologia ligeiramente diferente da apresentação da história de Jesus.

O livro de Atos

Existem quatro versões da vida de Jesus (os Evangelhos), mas apenas um relato da vida da igreja primitiva – o livro de Atos. O termo "atos" refere-se aos atos do Espírito Santo por meio dos apóstolos e outros cristãos. O livro de Atos conta a história do nascimento e crescimento da igreja primitiva, de cerca de 30 d.C. ao início dos anos 60.

As Cartas de Paulo

Tradicionalmente, o apóstolo Paulo é creditado com a escrita de treze cartas que estão incluídas na Bíblia. Essas cartas podem ser organizadas em quatro grupos: as primeiras cartas (Gálatas, 1–2 Tessalonicenses), cartas principais (Romanos, 1–2 Coríntios), cartas da prisão (Efésios, Filipenses, Colossenses e Filemom) e as cartas pastorais (1–2 Timóteo, Tito). Na Bíblia, as cartas de Paulo são organizadas de acordo com o comprimento, desde as mais longas (Romanos) até as mais curtas (Filemom).

As cartas gerais

Tiago, 1–2Pedro, 1–3João, Judas e muitas vezes Hebreus são também chamadas de Cartas Gerais ou Católicas (que significa "universais"), por uma razão simples: cada uma tem o título do autor da carta, e não das pessoas que a recebem. Em contraste com as Cartas de Paulo, que são endereçadas a grupos mais específicos (isto é, aos filipenses ou aos colossenses), as Cartas Gerais são dirigidas a públicos mais gerais. Muitas vezes 1–3 João são referidas como as Cartas Joaninas.

Porque Hebreus toma seu nome da audiência (como no caso das Cartas de Paulo) em vez de seu autor, alguns não incluem Hebreus nas Cartas Gerais.

Apocalipse

O último livro do Novo Testamento retrata a vitória final de Deus sobre as forças do mal. O título vem da palavra grega *apocalypsis*, que significa "revelação". O livro é uma "revelação de Jesus Cristo" (Apocalipse 1.1), sugerindo que o livro revela algo sobre Jesus, ou que Jesus revela algo sobre o plano de Deus, ou talvez ambos. Apocalipse difere dos outros livros do Novo Testamento por integrar três tipos literários diferentes: carta, profecia e apocalíptico.

A linha do tempo do Novo Testamento

| 170 a.C. | 160 a.C. | 150 a.C. | 140 a.C. | 130 a.C. | 120 a.C. | 110 a.C. | 100 a.C. | 90 a.C. |

EVENTOS-CHAVE NO NOVO TESTAMENTO

PESSOAS/EVENTOS-CHAVE DO MUNDO MEDITERRÂNEO

Antioco IV Epifânio 175-164 a.C.

Revolta dos Macabeus leva à purificação do templo 167-164 a.C.

● Primeira celebração do Hanucá 164 a.C.

Asmoneus 164-63 a.C.

● Independência judia da Síria 142 a.C.

● João Hircano destrói o templo samaritano no monte Gerizim 109/108 a.C.

| 80 a.C. | 70 a.C. | 60 a.C. | 50 a.C. | 40 a.C. | 30 a.C. | 20 a.C. | 10 a.C. |

● Pompeu derrota Jerusalém 63 a.C.

Hasmoneus 164-63 a.C.

● Antípatro, governador da Judeia 47 a.C.

● Herodes, governador da Galileia 47 a.C.

● Júlio César assassinado 44 a.C.

● Batalha de Filipe–Otávio e Marco Antônio derrotam Brutus e Cássio 42 a.C.

● Senado romano proclama Herodes Rei da Judeia 40 a.C.

Herodes combate os partos 40-37 a.C.

Governo de Herodes, o Grande 37-4 a.C.

● Batalha do Ácio – Otávio derrota Antônio e Cleópatra 31 a.C.

Otávio torna-se o César Augusto e governa como o primeiro imperador romano 27 a.C.-14 d.C.

● Início da restauração do templo 20 a.C.

Filo 20 BC–AD 50

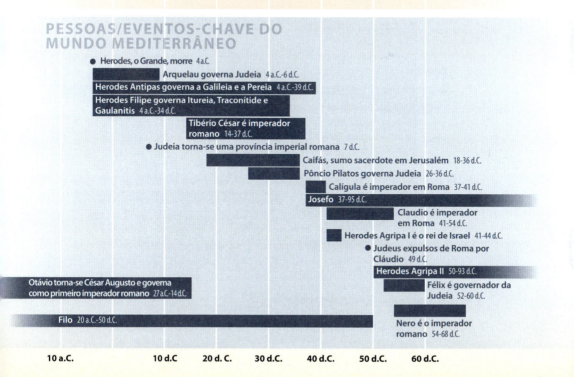

A linha do tempo do Novo Testamento **101**

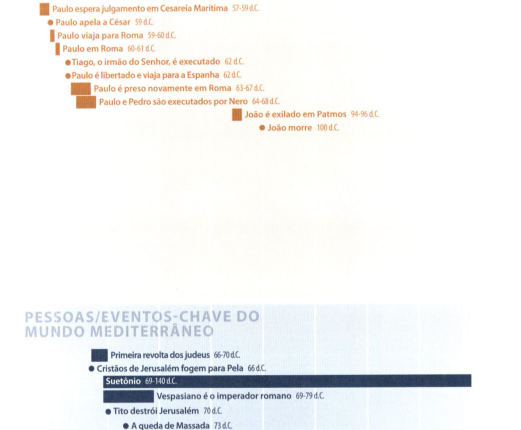

102 A linha do tempo do Novo Testamento

Mapas do Novo Testamento

Jerusalém no período do Novo Testamento

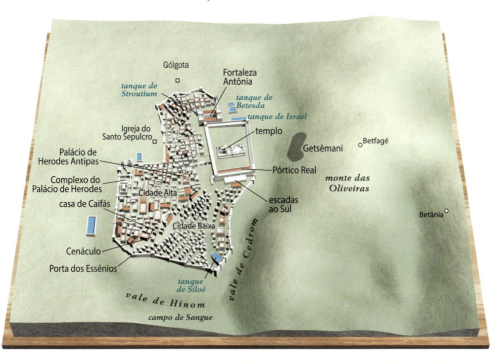

Palestina no período do Novo Testamento

Viagens missionárias de Paulo

Mapas do Novo Testamento **105**

O mundo romano

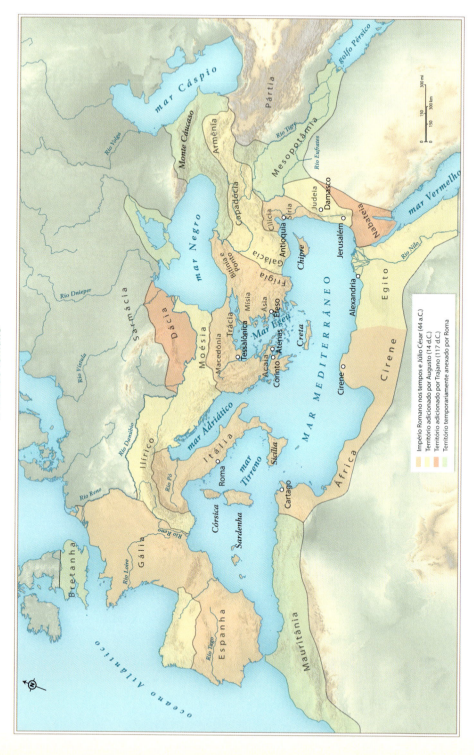

106 Mapas do Novo Testamento

O Novo Testamento livro por livro

Mateus

Jesus, o Messias dos judeus, traz salvação para todo o mundo

Uma porção do Papiro 37, um manuscrito do Novo Testamento com o Evangelho de Mateus.

Ensino central
Jesus, o verdadeiro Rei e Messias, cumpre o plano de Deus para salvar seu povo do pecado e trazer salvação para todas as nações.

Versículo para memorizar
Jesus se aproximou deles e disse: " Toda a autoridade no céu e na terra me foi dada. Portanto, vão e façam discípulos de todas as nações, batizando-os em nome do Pai, do Filho e do Espírito Santo. Ensinem esses novos discípulos a obedecerem a todas as ordens que eu lhes dei. E lembrem-se disto: estou sempre com vocês, até o fim dos tempos". Mateus 28.18-20

Cenário
Este Evangelho foi escrito por Mateus/Levi, o cobrador de impostos que se tornou um discípulo de Jesus (9.9-13; 10.3). Mateus parece confiar no Evangelho de Marcos (o testemunho do apóstolo Pedro), e provavelmente escreveu seu Evangelho logo depois que Marcos compôs o seu próprio, que pode ser datado do início da década de 60. Mateus é o mais judaico dos quatro Evangelhos e tem significativos paralelos com a Carta de Tiago, outro documento judaico-cristão. Mateus está escrevendo para uma comunidade judaico-cristã (ou pelo menos uma comunidade mista de cristãos judeus e gentios) que está no processo de romper com o judaísmo. Ele quer mostrar que Jesus é o tão aguardado Messias, que cumpre as promessas de Deus a Israel.

Mensagem
A principal preocupação de Mateus é mostrar que Jesus é o verdadeiro Rei e o verdadeiro Messias, enviado para salvar o povo judeu de seus pecados, mas também para trazer a salvação de Deus para as nações. Jesus é "o Messias [Cristo], filho de Davi, filho de Abraão" (1.1). Esse novo movimento dentro do judaísmo (eventualmente identificado como cristianismo) é o autêntico judaísmo, porque Jesus é o verdadeiro Messias. Mateus usa cinco discursos (talvez lembrando os leitores dos primeiros cinco livros do Antigo Testamento e descrevendo Jesus como o novo Moisés), seguidos por seções de ensino adicionais. Mateus explica como Jesus cumpre o que fora determinado na lei e nos profetas do Antigo Testamento, trazendo salvação para a humanidade. Jesus ensina seus discípulos a viverem como cidadãos do reino (Mt 5-7), realizando a missão do reino (Mt 10), sendo leais ao rei-

Um mosaico de pães e peixes na igreja, em Tabgah.

A Igreja das Bem-aventuranças em Tabgah, junto ao mar da Galileia.

no de Deus enquanto vivem num reino terrestre (Mt 13), como viver em comunidade (Mt 18) e como permanecerem fiéis até que o Rei volte para consumar o seu reino (Mt 23-25).

Esboço
- Apresentação e preparação para o ministério público (1.1–4.25);
- Discurso 1 – Sermão do Monte (5.1–7.29);
- A autoridade messiânica de Jesus (8.1–9.38);
- Discurso 2 – A missão do Messias (10.1-42);
- Oposição a Jesus, o Messias, e sua missão (11.1–12.50);
- Discurso 3 – Parábolas do reino (13.1-52);
- A identidade de Jesus como o Messias crucificado e ressuscitado (13.53–17.27);
- Discurso 4 – A comunidade do Messias (18.1-35);
- Jesus ensina sobre o que é o falso e o verdadeiro discipulado (19.1–23.39);
- Discurso 5 – O discurso no monte das Oliveiras (24.1–25.46);
- A crucificação e ressurreição de Jesus e a grande comissão (26.1–28.20).

Acontecimentos mais importantes
- O livro de Mateus apresenta o Sermão do Monte (5-7), que inclui a maior parte dos mais famosos ensinos de Jesus;
- Mateus enfatiza Jesus como o Mestre e organiza seu ensino dentro de cinco longos discursos;
- O livro de Mateus usa a incomum expressão "reino dos céus" e é o único Evangelho que menciona diretamente a "igreja" (16.16-20; 18.15-20).

Conexões

Mateus nos lembra de que Jesus, o Messias, veio para nos resgatar do pecado. Ele veio nos libertar. Por meio dos ensinamentos de Jesus, podemos encontrar uma direção profunda e uma sabedoria abundante para nossa caminhada com Deus. Jesus também é representado como alguém poderoso e com autoridade, expulsando demônios, curando, demonstrando compaixão, perdoando pecados e julgando o mal. Às vezes, esquecemos que Jesus tem poder para realmente mudar nossa vida. Em vez de confiar em nossas habilidades e talentos, devemos nos submeter ao Rei e confiar que ele trabalhará. Jesus fala frequentemente sobre como os cristãos deveriam tratar uns aos outros (por exemplo, perdoando uns aos outros, Mateus 6.14-15). Em primeiro lugar e acima de tudo, nossa fé deve ser evidente em nossas famílias e comunidades.

Marcos

Seguindo Jesus, o sofredor Filho de Deus

Ensino central

Jesus, o poderoso Messias e Filho de Deus, é também o servo sofredor que morreu na cruz para nos salvar de nossos pecados.

Versículo para memorizar

Pois nem mesmo o Filho do Homem veio para ser servido, mas para servir e dar sua vida em resgate por muitos. Marcos 10.45

Uma antiga lamparina a óleo.

Cenário

Marcos, provavelmente, foi escrito por João Marcos, que é mencionado em outras partes do Novo Testamento. A tradição cristã primitiva nos diz que Marcos confiou profundamente na pregação de Pedro como sua fonte preliminar. Em um sentido real, o Evangelho de Marcos é o Evangelho de Pedro. Provavelmente Marcos estava em Roma, com Pedro, durante os anos 60 dC,, quando a igreja enfrentava intensa perseguição sob o imperador Nero. Marcos escreve principalmente para incentivar os cristãos gentios, em Roma e em seu entorno, a seguirem Jesus, mesmo quando isso significasse sofrer como um discípulo.

Mensagem

A principal preocupação de Marcos é mostrar que Jesus, o poderoso Messias e Filho de Deus, é também o Servo Sofredor. Notemos como o objetivo de Marcos de apresentar Jesus como o Filho de Deus circunda todo o Evangelho:

Marcos 1.1 – O princípio das boas-novas sobre Jesus, o Messias, o Filho de Deus;

Marcos 15.39 – "Realmente este homem era o Filho de Deus!"

Entre esses episódios, Jesus mostra o que significa ele ser o Filho de Deus e Messias (ver especialmente Marcos 8.28-29; 10.45). Marcos, então, conecta quem Jesus é (cristologia) com o que significa seguir Jesus (discipulado). Aprendemos que seguir Jesus significa trilhar o caminho da cruz – que o caminho para a glória passa pelo sofrimento, não apenas para o Se-

Uma tumba com uma pedra que servia como vedação.

A sinagoga de Cafarnaum. A estrutura de pedra clara data de depois do período de Cristo, mas repousa sobre os restos de uma sinagoga que data do século 1 (pedra escura).

nhor, mas também para aqueles que o seguem. Os primeiros leitores de Marcos, que estavam navegando nas turbulentas águas da perseguição, precisavam dessa mensagem. Jesus, o Filho de Deus, reina soberano sobre todo poder perverso, mas a maior demonstração de seu poder vem da cruz, onde ele dá sua vida como resgate por muitos (10.45).

Esboço
- Preparação e princípio do ministério público de Jesus (1.1-45);
- Ministério do poder divino rejeitado por líderes religiosos (2.1–3.6);
- Ministério do poder divino rejeitado pelo próprio povo de Jesus (3.7–6.6a);
- Ministério de Jesus além da Galileia (6.6b–8.21);
- Jornada de Jesus para Jerusalém (8.22–10.52);
- Jesus confronta Jerusalém (11.1–13.37);
- O sofrimento, a morte e a ressurreição de Jesus, o Filho de Deus (14.1–16.8).

Acontecimentos mais importantes
- Marcos relata uma história ágil e cheia de ação sobre Jesus, o Filho de Deus e Messias, que venceu Satanás, os demônios, o pecado, a doença, a morte e a falsa religião;
- Marcos enfoca as ações de Jesus, especialmente seus milagres, e mostra como Cristo veio para libertar o mundo do domínio do mal e conduzi-lo ao Reino de Deus;
- Marcos enfatiza a cruz de Cristo e as demandas do discipulado (por exemplo, 8.34-38; 9.35-37; 10.42-45).

Conexões
Se Jesus, o Filho de Deus, usou seu poder para servir pessoas, quanto mais nós devemos usar o poder que Deus nos deu para servir. Os pagãos usam o poder para controlar e manipular, mas devemos usar o poder para amar e servir. Devemos usar nossos dons, influência e autoridade para beneficiar e edificar outras pessoas. Seguir Jesus é algo que custa um alto preço, especialmente em uma atmosfera de oposição. Mesmo que às vezes esperemos que todos nos aceitem, gostem de nós e nos elogiem, essa não é a experiência típica dos seguidores de Jesus. Quando somos ridicularizados, desprezados ou excluídos por causa de nossa conexão com Jesus, devemos lembrar que a perseguição é uma parte normal do discipulado cristão. A vida cristã consiste em ações, não meramente palavras. Numa cultura em que as palavras "cristãs" são abundantes e às vezes perdem seu poder, um estilo de vida cristão consistente sempre ressoa mais alto.

Lucas

Jesus, o Salvador de todos

Uma manjedoura de pedra (Lucas 2.7).

Ensino central
Jesus, o salvador de todos, veio buscar e salvar o perdido.

Versículo para memorizar
Mas o anjo lhes disse: "Não tenham medo! Trago boas notícias, que darão grande alegria a todo o povo. Hoje em Belém, a cidade de Davi, nasceu o Salvador, que é Cristo, o Senhor! Lucas 2.10-11

Cenário
Lucas, o gentio bem-educado, médico e missionário colaborador do apóstolo Paulo, escreveu Lucas-Atos como um único livro em dois volumes. Embora não fosse uma testemunha ocular da vida de Jesus, Lucas fez uma pesquisa cuidadosa (1.1-4) e escreveu um relato ordenado da vida e ministério de Jesus para o "excelentíssimo Teófilo" (Lucas 1.3). Era bem provável que Teófilo fosse um crente próspero e influente, que pode ter ajudado a financiar as cópias e a distribuição de Lucas-Atos. Lucas parece estar escrevendo principalmente para os cristãos gentios, enfatizando o trabalho abrangente de Deus (por exemplo, rastreando os ancestrais de Jesus, desde Abraão até Adão). Uma vez que Lucas faz uso de outras fontes (possivelmente Marcos ou Mateus), este Evangelho foi provavelmente escrito do início para a metade dos anos 60.

Mensagem
Em Lucas-Atos, o autor explica o grande plano de Deus por intermédio de Jesus Cristo e sua igreja. Lucas escreve a Teófilo e a outros como ele, para que tenham certeza das coisas que lhes foram ensinadas (1.4). Em outras palavras, Lucas fornece um manual de discipulado para novos crentes, vindos de um histórico pagão e vivendo em uma cultura indiferente ou abertamente hostil ao evangelho. Lucas quer que seus leitores saibam que sua fé repousa sobre os fatos da história, que são refletidos em testemunho ocular. A fé cristã não foi inventada por uma comunidade muito distante desses eventos. Deus

A Igreja da Natividade, em Belém.

realmente entrou na história na pessoa de Jesus, oferecendo salvação a todas as pessoas.

Lucas dá um relatório completo do nascimento e da infância de Jesus, para nos certificarmos de que sabemos que Jesus é o Filho único de Deus. Por meio de seus poderosos milagres e ensinamentos, Jesus traz a salvação de Deus ao mundo inteiro. Ele é o Salvador de todas as pessoas – judeus e gentios, ricos e pobres, homens e mulheres, religiosos e pagãos. A seção central de Lucas apresenta a viagem de Jesus para Jerusalém para morrer pelos pecados do mundo.

Esboço

> - O nascimento de Jesus, o Salvador (1.1–2.52);
> - A preparação do Salvador para o ministério público (3.1–4.13);
> - O ministério do Salvador na Galileia (4.14–9.50);
> - A jornada do Salvador para Jerusalém (9.51–19.44);
> - O ministério do Salvador em Jerusalém (19.45–21.38);
> - O Salvador é traído, julgado e crucificado (22.1–23.56);
> - A ressurreição e ascensão de Jesus, o Salvador de todas as pessoas (24.1-53).

Acontecimentos mais importantes

- Lucas é o Evangelho para todos os povos, incluindo excluídos da sociedade, gentios, samaritanos, mulheres, pobres, doentes e pecadores;
- As histórias sobre o nascimento de Jesus neste Evangelho apresentam quatro famosos hinos – o Magnificat (1.46-55), o Cântico de Zacarias (1.68-79), o Glória a Deus nas Alturas (2.14) e o Cântico de Simeão (2.29-32);
- Lucas apresenta mais parábolas de Jesus do que qualquer outro Evangelho e registra grande parte das suas parábolas mais conhecidas (por exemplo: o bom samaritano, o filho pródigo).

Conexões

Em Lucas, aprendemos com Jesus o que significa mostrar compaixão para com aqueles que a nossa sociedade muitas vezes deixa de lado. Então, frequentemente, Jesus alcança os rejeitados que estão sendo ignorados pelos poderosos. Ninguém é inacessível à graça de Deus! Jesus enfatiza a importância da oração, da alegria e da gratidão. Ele também nos diz que não podemos viver o cristianismo com nossa própria força; devemos depender do poder do Espírito Santo. Como a jornada necessária de Jesus para Jerusalém, nosso caminho como seguidores inclui tanto a disposição de sofrer como a esperança da glória. Jesus *vai para* Jerusalém para sofrer pelos pecados do mundo, e nos capacita a *sair de* Jerusalém com a melhor notícia possível – o mundo tem um Salvador!

Interior de uma típica casa galileia.

João

Crendo em Jesus, o Filho enviado pelo Pai

Ensino central

O Deus Pai envia o Filho ao mundo para dar vida eterna para os que creem nele.

Versículo para memorizar

> Porque Deus amou tanto o mundo que deu seu Filho único, para que todo o que nele crer não pereça, mas tenha a vida eterna. Deus enviou seu Filho ao mundo não para condenar o mundo, mas para salvá-lo por meio dele.
> João 3.16-17

Cenário

A tradição da igreja primitiva indica João, filho de Zebedeu e um dos Doze, como o autor deste Evangelho. João se refere a si mesmo como "o discípulo a quem Jesus amava" (13.23). Ele era uma testemunha ocular da vida e do ministério do Senhor e, juntamente com Pedro e Tiago, fazia parte do círculo íntimo de Jesus. João escreve na cidade de Éfeso, numa época em que a igreja estava enfrentando crescente oposição do judaísmo. A expressão "os judeus" ocorre mais de setenta vezes no Evangelho de João para descrever os oponentes de Jesus. Muitos estudiosos acreditam que João está escrevendo no final do século (de meados dos anos 60 até meados dos anos 90), principalmente para os cristãos que se afastaram da sinagoga judaica. Além de incentivá-los a continuarem confiando em Jesus em meio a circunstâncias difíceis, ele também escreve para chamar outros à fé em Cristo.

Mensagem

Cerca de 90% do Evangelho de João não é encontrado em Mateus, Marcos ou Lucas. A linguagem de João é simples, mas seu significado é profundo.

Agostinho, um dos pais da igreja, é frequentemente reconhecido como autor da seguinte frase: "O evangelho de João é suficientemente profundo para um elefante nadar e raso o suficiente para que uma criança não se afogue". Enquanto o livro de João é dado às crianças e aos novos convertidos, os estudiosos continuam se esforçando com o conteúdo de sua mensagem teológica.

João declara seu propósito em 20.31: "Mas estes foram escritos para que vocês creiam que Jesus é o Cristo, o Filho de Deus e, crendo, tenham vida em seu nome". O evangelho abre identificando Jesus como a Palavra que

Tumba tradicional de Lázaro em Betânia.

114 O Novo Testamento livro por livro

estava com Deus e era Deus, mas agora se tornou um ser humano para nos trazer vida (João 1.1-18). A seção central do evangelho é dividida em dois livros: o Livro dos Sinais (1.19–12.50) apresenta sete milagres que identificam Jesus e chamam as pessoas à fé, enquanto o Livro da Glória (13.1–20.31) enfoca a última semana da vida de Jesus e sua glorificação. O epílogo (21.1-25) descreve as aparições de Jesus aos seus discípulos após a ressurreição, a restauração de Pedro e uma palavra sobre o autor do Evangelho.

Esboço
- O prólogo (1.1-18);
- O Livro dos Sinais (1.19–12.50);
- O Livro da Glória (13.1–20.31);
- O epílogo (21.1-25).

Acontecimentos mais importantes
- O Evangelho de João inclui sete ocorrências da expressão "Eu sou" e pelo menos seis (e provavelmente sete) milagres ou sinais que apontam para Jesus como o único Filho de Deus;
- Quase metade deste Evangelho (13-21) trata da última semana da vida de Jesus – a semana da sua paixão;
- A vida eterna é tanto uma realidade presente como uma esperança futura.

Muitos dos ensinamentos de Jesus ocorrem na forma de longas conversas (por exemplo, com Nicodemos em João 3), debates acalorados (por exemplo, com judeus em João 7) e em ensino privado (por exemplo, seu discurso de despedida em João 13-17).

Conexões
O padrão de João, substancialmente profundo e usando palavras claras, desafia-nos a evitar a terminologia cristã demasiadamente técnica e uma tola superficialidade religiosa ao comunicar a história de Jesus. João também nos chama a uma correta compreensão de Jesus Cristo como a revelação, plenamente divina e plenamente humana, do Pai; ele é o Deus encarnado. Quando ficamos confusos com relação a Deus, precisamos olhar novamente para Jesus como revelado nos Evangelhos. João nos ajuda a ver que a vida eterna é definida como conhecer Deus de modo relacional por meio de Jesus Cristo, o que significa que crer em Jesus é muito mais do que um consentimento intelectual (17.3). A fé verdadeira inclui um discipulado sincero.

Jesus declara: "Eu sou a videira verdadeira, e meu Pai é o agricultor" (Jo 15.1).

Um redil feito de pedra por fora.

Atos

Testemunhas capacitadas pelo Espírito

Ensino central

Atos conta a história de como o Espírito de Deus, por intermédio dos apóstolos e de outros cristãos primitivos, espalha as boas-novas de Cristo, de Jerusalém para todo o mundo.

Versículo para memorizar

> Vocês receberão poder quando o Espírito Santo descer sobre vocês, e serão minhas testemunhas em toda parte: em Jerusalém, em toda a Judeia, em Samaria e nos lugares mais distantes da terra.
> Atos 1.8

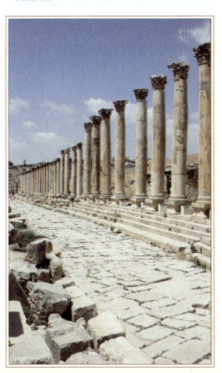

Uma estrada romana perto da antiga cidade de Gerasa, agora Jordânia cidade de Jerash.

Cenário

Lucas, o gentio instruído, médico e colega missionário do apóstolo Paulo, escreveu o Evangelho que leva seu nome e o livro de Atos. Ambos os volumes são dirigidos ao "excelentíssimo Teófilo", um recém-convertido que precisava ser instruído e encorajado em sua fé (Lucas 1.3, Atos 1.1).

A maioria dos eruditos data o livro de Atos entre 70 e 90 d.C. O término abrupto do livro reflete o propósito literário de Lucas de mostrar a chegada de Paulo em Roma. Tradicionalmente, a maioria dos evangélicos data o livro por volta de 62-64 d.C., concluindo que Lucas finalizou o livro enquanto Paulo ainda estava na prisão, aguardando o resultado de sua apelação a César.

Mensagem

O propósito de Lucas em Atos coincide com seu propósito em seu Evangelho: mostrar que a obra redentora de Deus, iniciada em Jesus, continua por meio da igreja movida pelo Espírito (Atos 1.1-2). Mais especificamente, Lucas fornece em Atos uma "história teológica" da igreja primitiva. Ele conta a história da igreja primitiva de maneira precisa, mas seletiva, para fins teológicos (isto é, para mostrar o que Deus está fazendo). Atos 1.8 reflete a expansão do evangelho, primeiro em Jerusalém e na Judeia (Atos 1 a 7), depois nas áreas circunvizinhas (8–12) e, finalmente, até os confins da terra (13–28). Atos é uma janela única para visualizar o mundo dos primeiros cristãos. O verdadeiro herói não é Pedro ou Paulo, mas o Espírito Santo, que trabalha por intermédio de pessoas falhas, mas comprometidas em realizar a missão. As últimas palavras de Atos refletem o sucesso do evangelho mesmo enquanto seus mensageiros permanecem na prisão: Paulo "Pregava o Reino de Deus e ensinava a respeito do Senhor Jesus Cristo, abertamente e sem impedimento algum" (Atos 28.31).

Esboço

➤ A vinda do Espírito e sua obra por meio dos apóstolos (1.1–4. 37);

➤ As ameaças iniciais à Igreja (5.1–6.7);

➤ Deus trabalha por intermédio de Estêvão e Filipe (6.8–8.40);

➤ A conversão de Paulo (9.1-31);

➤ O ministério de Pedro e a difusão do evangelho (9.32–12.25);

➤ A primeira jornada missionária de Paulo (13.1–14.28);

➤ O Concílio em Jerusalém (15.1-35);

➤ A segunda jornada missionária de Paulo (15.36–18.22);

➤ A terceira jornada missionária de Paulo (18.23–21.16);

➤ O testemunho de Paulo em Jerusalém, Cesareia e Roma (21.17–28.31).

Acontecimentos mais importantes

• Atos descreve a primeira geração de cristãos – o período entre a crucificação de Jesus (cerca de 30 d.C.) e a primeira prisão de Paulo em Roma (meados dos anos 60 d.C.);

• Os dois principais personagens humanos em Atos são Pedro (Atos 1-12) e Paulo (Atos 13-28). Pedro ministra principalmente para judeus, enquanto Paulo ministra predominantemente para o público gentio;

• Os "discursos" de Pedro, Paulo e outros constituem quase um terço do livro.

Conexões

Nós, obviamente, não queremos duplicar cada aspecto da igreja primitiva que encontramos em Atos, mas queremos abraçar tudo em Atos que deveria ser normativo para os cristãos de hoje e de qualquer época. A melhor maneira de determinar o que é normativo é procurar os temas repetidos no livro: a obra do Espírito Santo, a importância da Igreja, a soberania de Deus, persistir em oração, ser um testemunho fiel, levar o evangelho para todas as nações e sofrer provações pela causa de Cristo. Como resultado da considerável repetição de temas em Atos, aprendemos a seguir o Espírito, confiar na soberania de Deus, unir-nos ao povo de Deus, orar, testemunhar o que Deus fez em Cristo e estar dispostos a sofrer para levar a mensagem para todas as pessoas.

"Quando amanheceu não reconheceram a terra, mas viram uma enseada com uma praia, para onde decidiram conduzir o navio, se fosse possível." (Atos 27.39). Baía de São Paulo, em Malta, uma possível localização do naufrágio da viagem de Paulo à Roma.

Romanos

As boas-novas da justiça de Deus

Ensino central
A boa notícia de Deus é que, em Cristo, ele nos oferece o perdão dos pecados, nos incluindo em sua comunidade da nova aliança e promete nunca nos condenar ou deixar de nos amar.

Versículo para memorizar
> Agora, portanto, já não há nenhuma condenação para os que estão em Cristo Jesus. Pois em Cristo Jesus a lei do Espírito que dá vida os libertou da lei do pecado, que leva à morte. Romanos 8.1-2

Cenário
Paulo escreveu Romanos em Corinto, por volta do ano 57 d.C., com Tércio servindo como seu escriba (1.1; 16.22). A igreja em Roma provavelmente se originou dos convertidos no dia de Pentecostes, que levaram o evangelho a Roma, ou de missionários cristãos anônimos. Os cristãos de Roma eram cristãos judeus, mas depois de o imperador Cláudio expulsar os judeus da cidade em 49 d.C., os cristãos gentios tiveram de assumir responsabilidades de liderança na igreja. Mais tarde, quando os cristãos judeus retornaram, a igreja lutou com a divisão. Paulo escreve a esse grupo de igrejas domésticas, com uma maioria cristã gentia e uma minoria judaico-cristã, na esperança de unificá-las em torno do evangelho de Cristo – uma igreja unida incorporaria melhor o evangelho (15.5-12) e poderia ajudá-lo mais, financeiramente, em uma possível viagem à Espanha (15.22-29).

Mensagem
A Carta de Paulo aos romanos é provavelmente a declaração mais nítida e mais poderosa do evangelho no Novo Testamento. Em vez de afirmar o potencial humano ou a bondade inata à parte de Deus, Paulo afirma que o evangelho começa com más notícias: o homem é completamente pecador, culpado e sem esperança diante de Deus. Mas Deus veio em nosso resgate em Jesus Cristo. Ele nos fez algo que nunca poderíamos fazer por nós mesmos. Ele nos dá perdão e pertencimento à comunidade de sua aliança, prometendo nunca nos condenar ou deixar de nos amar. Paulo espera que essa explicação clara e abrangente do evangelho de Jesus Cristo reoriente os cristãos judeus e gentios em Roma sobre o que é mais importante – a boa-nova de Cristo. Como resultado, uma igreja unida em torno do evangelho de Cristo será uma igreja ativa e apaixonada pela Grande Comissão (ou seja, evangelho > unidade > missão).

Um pomar de oliveiras podadas. Em Romanos 11, Paulo compara Israel e a igreja a uma oliveira.

Esboço
- Introdução (1.1-17);
- Nosso problema: todos são pecadores e culpados (1.18–3.20);
- A solução de Deus: justiça em Cristo (3.21–5.21);
- O resultado: nossa participação com Cristo (6.1–8.39);
- Uma importante consideração: Deus tem sido fiel em manter suas promessas (9.1–11.36);
- Implicações práticas: retidão nos relacionamentos (12.1–15.13);
- Conclusão (15.14–16.27).

Acontecimentos mais importantes
- Romanos é a mais longa e teologicamente profunda das Cartas de Paulo;
- A carta contém extensos tratados de temas bíblicos significativos, como: pecado humano, justificação pela fé (a doutrina que provocou a Reforma Protestante), vida no Espírito e relação de Deus com Israel;
- Romanos enfatiza o evangelho ou "boas-novas" de Deus no início do livro (1.1, 2, 9, 15-17), no meio (2.16; 10.15, 16; 11.28) e no fim (15.16, 19-20; 16.25).

Esta inscrição honra Erasto (Rm 16.23), que era o diretor do trabalho público em Corinto.

Conexões
Quase todos os aspectos da vida cristã são mencionados nesta incrível carta. Os quatro evangelhos contam a história da vida, ministério, morte e ressurreição de Jesus, mas Romanos explica o significado teológico e prático dessa história. Somos lembrados de que, como pecadores sem esperança, estamos separados da intervenção de Deus. Ouvimos novamente a graça incrível de Deus nos resgatando dos nossos pecados e nos trazendo à sua família de aliança; agora podemos participar com Jesus em sua morte e ressurreição, experimentando uma vida nova pelo poder do Espírito Santo. Além disso, somos desafiados a responder à graça com um estilo de vida de adoração e devoção. Ao longo da história, Deus usou a Carta aos Romanos para mudar a vida não só de crentes famosos (como Agostinho, Martinho Lutero, John Wesley, Karl Barth), mas também de muitos seguidores menos famosos. Uma coisa é certa: ler, estudar e meditar sobre Romanos mudará nossa vida!

Estátua de Paulo, na Basílica de São Paulo, fora dos muros em Roma.

1 Coríntios

Lidando com questões da igreja

Ensino central
Um verdadeiro entendimento do que significa ser espiritual nos levará a relacionamentos saudáveis e harmoniosos dentro da igreja local.

Versículo para memorizar
> O amor é paciente e bondoso. O amor não é ciumento, nem presunçoso. Não é orgulhoso, nem grosseiro. Não exige que as coisas sejam à sua maneira. Não é irritável, nem rancoroso. Não se alegra com a injustiça, mas sim com a verdade. O amor nunca desiste, nunca perde a fé, sempre tem esperança e sempre se mantém firme. Um dia, profecia, línguas e conhecimento desaparecerão e cessarão, mas o amor durará para sempre.
> 1Coríntios 13.4-8

Cenário
Paulo e seus colaboradores plantaram a igreja em Corinto em sua segunda viagem missionária (At 18.1-18). A cidade de Corinto era uma rica mistura de culturas, filosofias, estilos de vida e religiões, e era especialmente conhecida por sua imoralidade sexual. Nessa configuração pluralista, Paulo começou o que se tornaria sua igreja mais desafiadora. Paulo, juntamente com Sóstenes, é identificado como o autor (1Co 1.1), provavelmente escrevendo esta carta em Éfeso por volta de 54 d.C., durante sua terceira viagem missionária.

Mensagem
Paulo tinha recebido relatos verbais perturbadores da casa de Cloe (1.11) e uma carta dos coríntios expressando uma série de preocupações. A igreja dessa cidade foi arruinada por causa de problemas gerados por crenças erradas, arrogância e imaturidade. Em resposta, Paulo escreveu 1Coríntios,

Ruínas do templo de Apolo, em Corinto.

com o intuito de combater problemas significativos em uma comunidade de crentes que ainda está lutando para se separar de sua cultura pagã. O principal problema em ambas as cartas (1 e 2Coríntios) gira em torno da questão do que significa ser verdadeiramente "espiritual". Os coríntios parecem ter adotado uma espiritualidade que incluía o orgulho intelectual e enfatizava experiências emocionantes (ver 1Co 8.1, 7, 10-11; 13.2). Alguns sentiam que já haviam chegado ao apogeu espiritual, e essa atitude excessivamente triunfante explica, por exemplo, por que eles se dividiram em facções rivais (1Co 1.11-12) e porque eles se orgulhavam de exibir os dons mais espetaculares do Espírito (1Co 4.8, 13.1). Essa compreensão imatura da verdadeira espiritualidade levou a uma variedade de problemas dentro da igreja. Nesta carta ousada e transparente, Paulo ensina como lidar com as questões problemáticas da igreja de uma maneira amorosa e verdadeira.

Uma estátua de bronze representando um "lutador thermae" grego (terceiro para segundo século a.C.)

Esboço
- Saudações e ações de graças (1.1-9);
- Paulo responde aos relatórios sobre a igreja (1.10–6.20);
- Paulo responde à carta dos coríntios (7.1–16.4);
- Últimas considerações (16.5-24).

Acontecimentos mais importantes
- Em geral, Paulo escreveu mais palavras para a igreja de Corinto do que para qualquer outra igreja;
- No meio da discussão mais abrangente sobre os dons espirituais no Novo Testamento (1Co 12-14) está o famoso "capítulo do amor" (1Co13);
- Primeira Coríntios 15 dá mais detalhes sobre a ressurreição dos mortos do que qualquer outro lugar na Bíblia;
- Primeira Coríntios também contém a mais longa discussão sobre sexualidade humana em todas as Cartas de Paulo (1Co 6 e 7).

Conexões
Em 1Coríntios aprendemos que não há lugar para o culto à personalidade na igreja local; a lealdade aos líderes carismáticos leva à divisão e distancia o louvor de nosso Senhor. Aprendemos também que Deus espera que seu povo seja santo, o que se revela por meio das questões que Paulo aborda na carta: facções (1-4), incesto (5), ações judiciais (6.1-11) e imoralidade sexual (6.12-20). Paulo também nos ensina que nossa liberdade como crentes deve ser limitada pelo nosso amor por outros crentes. Somos parte de uma comunidade, e não somos livres para agir de uma maneira que destrói a fé dos membros da família. Finalmente, precisamos de uma visão bíblica da doutrina da ressurreição corporal de todos os crentes na volta de Cristo. Nossa esperança como crentes não é a morte nem o arrebatamento, mas a ressurreição dos mortos!

2Coríntios

Defendendo um ministério dado por Deus

O busto de um coríntio, mostrando um exemplo de penteado.

Ensino central

Ocasionalmente, devemos defender o ministério dado por Deus pelo bem do evangelho e da saúde da igreja em longo prazo.

Versículo para memorizar

> Mas ele me disse: "Minha graça é tudo de que você precisa. Meu poder opera melhor na fraqueza". Portanto, agora fico feliz de me orgulhar de minhas fraquezas, para que o poder de Deus opere por meu intermédio. Por isso aceito com prazer fraquezas e insultos, privações, perseguições e aflições que sofro por Cristo. Pois, quando sou fraco, então é que sou forte.
> 2Coríntios 12.9-10

Cenário

Paulo, juntamente com Timóteo, é identificado como o autor de 2Coríntios (1.1). A maioria dos estudiosos contemporâneos conclui que Paulo escreveu todo o conteúdo de 2Coríntios, embora alguns vejam 2Coríntios 1–9 e 10–13 como cartas separadas por causa da mudança abrupta no tom. No entanto, bons argumentos podem ser construídos para defender a unidade de 2Coríntios, especialmente porque é provável que Paulo tenha escrito a carta em um período de tempo em que aprendeu a respeito de novos desenvolvimentos na igreja.

Depois que Paulo escreveu 1Coríntios, seu relacionamento com a igreja se deteriorou de forma significativa, graças a alguns opositores impenitentes. Paulo provavelmente fez uma breve visita a Éfeso (a visita "dolorosa" de 2Coríntios 2.1) e seguiu com outra carta (escrita com lágrimas como afirma 2Co 2.4; 7.8-9). Muito provavelmente Paulo tenha escrito 2Coríntios da Macedônia, por volta de 55-56 d.C. Isso significa que 2Coríntios é, na verdade, a quarta carta de Paulo, escrita a essa difícil igreja (uma carta anterior mencionada em 1Coríntios 5.9, 1Coríntios, a carta escrita em lágrimas, e 2Coríntios).

Mensagem

Na época em que Paulo escreveu 2Coríntios, alguns dos crentes da cidade que já haviam questionado o apostolado de Paulo parecem ter-se arrependido e agora o apoiam (2Co 2.5, 8-9, 5.12, 7.2-16). No entanto, uma minoria dentro da Igreja ainda questiona se

O porto em Cencreia.

O bema (ou tribunal) em Corinto, onde Paulo se apresentou diante do proconsul Galio (Atos 18.12-17).

Paulo é um apóstolo legítimo (talvez abordado em 2Coríntios 10-13). Além disso, vários falsos apóstolos chegaram a Corinto e devem ser combatidos (11.1-15). Em um tom mais pessoal e emocional, Paulo defende sua autoridade como apóstolo genuíno de Jesus Cristo, assim como seu modo de vida e ministério – uma medida que ele é forçado a tomar porque o evangelho e a vida espiritual dos coríntios estão em jogo.

Segunda Coríntios fala muito sobre o coração do ministério cristão e o valor de buscar a reconciliação. Paulo sofreu extremamente pela causa de Cristo, e preocupa-se profundamente sobre os coríntios. Ele não está disposto a desistir deles. Ele fala a verdade em amor enquanto mantém seu coração aberto à possibilidade de reconciliação.

Esboço
➢ Saudações e ações de graça (1.1-11);
➢ A conduta e o ministério apostólico de Paulo (1.12–7.16);
➢ A doação generosa dos coríntios (8.1–9.15);
➢ A autoridade apostólica de Paulo (10.1–13.10);
➢ Conclusão (13.11-14).

Acontecimentos mais importantes
• Segunda Coríntios é, provavelmente, a mais pessoal de todas as cartas de Paulo;
• Segunda Coríntios 8 e 9 estão entre as principais referências no Novo Testamento relacionadas à contribuição financeira;
• Esta carta nos lembra de que a reconciliação pode ser pessoalmente dolorosa, perturbadora para planos ministeriais e dependente da resposta do próximo, mas, mesmo assim, vale a pena buscá-la.

Conexões

Em 2Coríntios, somos lembrados de que, às vezes, o ministério não se alinha às nossas expectativas. Pessoas duvidam de nossas motivações, interpretam mal nossas ações e colocam outros crentes contra nós. Paulo ensina como combater o bom combate em meio a essa confusão ministerial. Ele abraça a fraqueza e o sofrimento como distintivos legítimos de um ministério autêntico, mas também está disposto a se defender quando coisas importantes – como o evangelho e o bem-estar espiritual dos crentes – estão em jogo. Embora existam momentos em que o conflito é inevitável, e até essencial para relacionamentos saudáveis em longo prazo dentro do corpo de Cristo, a reconciliação é nossa meta. No entanto, nosso foco deve ser a integridade de nossas crenças e ações.

Gálatas

Libertos para amar

Ensino central

Fomos libertos pela obra de Cristo para andar pelo Espírito, que nos capacitará a amar, o que é a mais profunda demonstração da verdadeira espiritualidade.

Versículo para memorizar

> Porque vocês, irmãos, foram chamados para viver em liberdade. Não a usem, porém, para satisfazer sua natureza humana. Ao contrário, usem-na para servir uns aos outros em amor.
> Gálatas 5.13

Cenário

Paulo escreve para as "igrejas da Galácia" (1.1-2, 5.2), que são provavelmente as mesmas igrejas que ele começou em sua jornada missionária (Atos 13 e 14). Quando Paulo escreveu Gálatas? A resposta depende de como as visitas de Paulo a Jerusalém, que são mencionadas em Gálatas, são combinadas com as mencionadas em Atos. As seguintes afirmações descrevem duas possibilidades principais:

- Gálatas 2 corresponde a Atos 11 (data inicial) – Paulo escreveu a Carta aos Gálatas em Antioquia da Síria, logo após sua primeira viagem missionária por volta de 48–49 d.C. As duas primeiras visitas em Gálatas combinam com as datas das duas primeiras visitas em Atos, e a carta foi escrita antes do Concílio de Jerusalém (Atos 15);
- Gálatas 2 corresponde a Atos 15 (data posterior) – Paulo escreveu a Carta aos Gálatas durante sua terceira viagem missionária, entre 53 e 58 d.C. A segunda visita a Jerusalém mencionada em Gálatas corresponde à terceira visita registrada em Atos e coloca Gálatas depois do Concílio de Jerusalém.

Subscrevemos a data inicial, fazendo de Gálatas a mais antiga das cartas de Paulo.

Mensagem

A crise nas igrejas gálatas envolve três personagens-chave: o apóstolo Paulo, os falsos mestres e os cristãos da cidade. Quando Paulo pregou o evangelho do Cristo crucificado aos gálatas, eles o aceitaram, creram e receberam o Espírito Santo – um sinal da bênção de Deus.

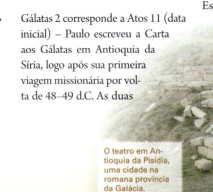

O teatro em Antioquia da Pisídia, uma cidade na romana província da Galácia.

Viagens de Paulo para a Galácia.

Mas logo depois, falsos mestres chegaram e exigiram que esses novos cristãos gentios se submetessem à circuncisão (5.2-4; 6.12-13) e outros requisitos religiosos (4.9-10) para o status de cristão completo. Sua fé recente em Cristo estava sendo substituída por tentativas de obedecer à lei (3.3).

Em resposta, Paulo defende seu apostolado e autoridade (1.1–2.14), porque a integridade do evangelho está ligada à integridade do pregador. Em seguida, ele esclarece o que é o verdadeiro evangelho (2.15–4.11), argumentando que a verdadeira justiça e a liberdade que ela traz vêm somente pela fé em Cristo, que é fiel. Paulo, então, chama os gálatas a decidir (4.11–6.10), exortando-os a caminharem pelo Espírito que pode capacitá-los a amar, o verdadeiro indicador da espiritualidade autêntica.

Esboço

- Abertura e ocasião para a carta (1.1-10);
- Origem divina para o apostolado e evangelho de Paulo (1.11–2.14);
- Justificação pela fé e defesa de argumentos (2.15–4.11);
- Apelo pessoal: "tornem-se como eu" (4.12-20);
- Apelo escriturístico: filhos da mulher livre (4.21-31);
- Apelo ético (5.1–6.10);
- Encerramento da carta: circuncisão ou a cruz (6.11-18).

Acontecimentos mais importantes

- Gálatas provavelmente seja a mais antiga carta de Paulo;
- A carta nos lembra de que a integridade do evangelho e a integridade de líderes cristãos estão intimamente relacionadas;
- As listas com "as obras da carne" e "o fruto do Espírito" são encontradas em Gálatas (5.19-23);
- Paulo, nesta carta, discute sobre a relação entre lei e graça;
- Gálatas enfatiza que o amor, capacitado pelo Espírito, cumpre a lei.

Conexões

Gálatas nos lembra de que o verdadeiro evangelho está centrado na morte expiatória de Jesus Cristo. Cristo nos libertou, e nada do que fazemos pode ser acrescentado à sua obra. Tornamo-nos filhos de Deus não realizando obras de lei religiosa, mas confiando pessoalmente em Cristo. Em Gálatas, somos lembrados de que continuamos a vida cristã da mesma maneira que a iniciamos – dependendo da graça de Deus para nos transformar. Não é que Jesus nos salve, e então temos de nos aperfeiçoar pelo esforço moral. Do princípio ao fim, dependemos do Senhor pela fé. Agora somos livres para seguir o Espírito, que nos transformará e nos capacitará a amar as pessoas. O amor cumpre a lei, o santo padrão de Deus.

Gálatas

Efésios

Nova vida e nova comunidade em Cristo

Uma estátua da deusa Artemis.

Ensino central
O magnífico plano de Deus de oferecer uma nova vida e uma nova comunidade é alcançado por intermédio de Jesus Cristo e demonstrado na vida da igreja.

Versículo para memorizar
> Vocês são salvos pela graça, por meio da fé. Isso não vem de vocês; é uma dádiva de Deus. Não é uma recompensa pela prática de boas obras, para que ninguém venha a se orgulhar. Pois somos obra-prima de Deus, criados em Cristo Jesus a fim de realizar as boas obras que ele de antemão planejou para nós.
> Efésios 2.8-10

Cenário
Paulo afirma ser o autor de Efésios (1.1-2; 3.1). A autenticidade desta, como uma de suas cartas genuínas, foi bem atestada pela igreja primitiva. Paulo era um prisioneiro quando escreveu Efésios (ver 3.1; 4.1; 6.20), e a visão tradicional de que ele escreveu esta epístola (juntamente com as outras cartas da prisão) em Roma, por volta de 60-62 d.C., em prisão domiciliar, continua a ser o cenário mais provável. Paulo possivelmente pretendia que a carta circulasse entre várias igrejas na Ásia Menor, como um resumo magistral da fé e um estímulo aos crentes.

Mensagem
Paulo não escreveu Efésios para resolver um problema, ou para lidar com qualquer emergência particular, mas para encorajar os crentes a compreender e experimentar três importantes realidades espirituais:

1. *A nova vida que temos em Cristo*. Por meio da vida, morte e ressurreição de Jesus, Deus cumpre seu plano de resgatar pessoas da escravidão do pecado e de Satanás. O Espírito Santo faz desse plano uma realidade pessoal para aqueles que respondem à oferta graciosa de Deus, pela fé em Cristo.
2. *A nova comunidade em que estamos conectados a Cristo*. Deus não apenas ofereceu nova vida às pessoas em Cristo, mas também criou uma nova comunidade, composta por judeus e gentios. Paulo enfatiza a nova comunidade por intermédio de palavras como "unidade", "um", "com" e "junto com", bem como por meio de conceitos como igreja, templo do corpo e noiva. Quando somos reconciliados com Cristo, tornamo-nos parte da comunidade da nova aliança de Deus.
3. *A nova caminhada que a nova comunidade é chamada a trilhar em Cristo*. O plano magnífico de Deus para dar nova vida e criar uma nova comunidade em Cristo (Efésios 1-3) resulta em uma nova maneira de viver para o crente (Efésios 4-6). Essa nova comunidade é mantida e preservada enquanto vivemos ou caminhamos em unidade, santidade, luz, sabedoria e força do Senhor.

Esboço

Rua Curetes, na antiga Éfeso.

- Abertura da carta (1.1-2);
- Louvor pelas bênçãos espirituais em Cristo (1.3-14);
- Oração pela compreensão espiritual (1.15-23);
- Nova vida em Cristo (2.1-10);
- Nova comunidade em Cristo (2.11-22);
- O papel único de Paulo no propósito de Deus (3.1-13);
- Oração de Paulo pela nova comunidade (3.14-21);
- Uma nova caminhada em Cristo (4.1–6.20);
- Encerramento da carta (6.21-24).

Acontecimentos mais importantes

- Paulo ressalta nossa identidade e unidade em Cristo com expressões como "em Cristo", "nele" e "em quem". Tais expressões ocorrem aproximadamente quarenta vezes;
- Paulo enfatiza a natureza universal da igreja (veja 1.22; 3.10, 21; 5.23-25, 27, 29, 32, bem como ilustrações como corpo, edifício, templo e nova humanidade);
- Efésios compartilha muitos temas em comum com Colossenses (por exemplo, compare Cl 3.18–4.1 e Ef 5.22–6.9);
- Efésios nos conta como a fé cristã deve ser vivenciada em nossos lares (5.21–6.9).

Conexões

Esta riquíssima carta nos lembra de que somos transformados pela graça de Deus, e que aceitamos esse dom da mudança de vida pela fé. Muitas religiões em nosso mundo são baseadas no esforço humano e no desempenho – isto é, o que podemos fazer por Deus. Mas Efésios nos lembra corajosamente de que somos transformados pelo que Deus fez por nós em Cristo. Deus não apenas nos livra do pecado, mas também nos insere em uma nova comunidade. Nessa nova comunidade, e em virtude de tudo o que Deus realizou por nós, somos chamados a viver de maneira digna daquilo que recebemos em Cristo, convergindo tudo para a glória e louvor de Deus.

Relevo apresentando uma armadura de um soldado.

Filipenses

Uma alegre carta de gratidão

Ensino central

Nesta carta pessoal, Paulo agradece aos filipenses por seu generoso apoio, dando-lhes uma atualização de seu ministério e exortando-os a uma maior unidade e alegria em Cristo.

Versículo para memorizar

> Não sejam egoístas, nem tentem impressionar ninguém. Sejam humildes e considerem os outros mais importantes que vocês. Não procurem apenas os próprios interesses, mas preocupem-se também com os interesses alheios. Tenham a mesma atitude demonstrada por Cristo Jesus.
> Filipenses. 2.3-5

Cenário

É bem provável que o apóstolo Paulo tenha escrito Filipenses durante sua primeira prisão em Roma, por volta de 60-62 d.C., talvez perto do final de seu tempo no cárcere. Ele fundou a igreja em Filipos durante a sua segunda viagem missionária (ver Atos 16.12-40), e essa igreja o apoiou financeiramente mais do que qualquer outra (2Coríntios 8.1-5; 11.8-9; Fp 4.10-19), permanecendo leal a Paulo nos momentos mais difíceis de seu ministério (At 16.19-24, 35-40, Fp 1.29-30) Ao visitar Paulo, Epafrodito (um visitante de Filipos) ficou gravemente doente e quase morreu (2.26-27, 30). Depois que ele se recuperou, Paulo o enviou de volta aos filipenses (2.6, 28-30), aproveitando essa oportunidade para expressar sua gratidão a eles por meio desta epístola pastoral.

Mensagem

Muitos crentes consideram Filipenses sua carta paulina favorita, por esta correspondência pessoal a um grupo de amigos próximos tocar nosso coração de muitas maneiras. Paulo lembra aos seus amigos que, embora esteja aprisionado, o evangelho não está; Deus continua trabalhando poderosamente, apesar da difícil situação do apóstolo. Ele os agradece por seu generoso apoio e os exorta a viverem uma vida digna do evangelho. Além disso, ele enfatiza a importância da unidade, destacando a humildade de Cristo, que produz unidade dentro da igreja. Paulo adverte seus leitores a não confiarem em sua própria justiça, encorajando-os a confiar na justiça de Cristo em seu favor, desafiando-os a seguir seu exemplo de esquecer o passado e prosseguir em direção à semelhança com Cristo, antecipando, assim, o retorno do Senhor. Ao longo do caminho, Paulo oferece uma visão prática da vida cristã, como escolher a alegria em vez da preocupação, e a promoção da paz em vez da murmuração.

Um relevo de Nice, a deusa da vitória.

Esboço
- Abertura da carta, ação de graças e oração (1.1-11);
- As circunstâncias e atitude de Paulo (1.12-26);
- Vivendo de maneira digna do evangelho (1.27-30);
- Um apelo à imitação da humildade de Cristo, algo que leva à unidade (2.1-30);
- Alerta contra os falsos mestres (3.1-6);
- Justiça de Deus (3.7-11);
- Estímulo a prosseguir para o alvo (3.12–4.1);
- Exortações conclusivas e encerramento da carta (4.2-23).

Acontecimentos mais importantes
- Em uma das passagens mais eloquentes e poderosas de todo o Novo Testamento, Filipenses 2.5-11 descreve a humilhação e exaltação de Jesus Cristo;
- Paulo aproveita os privilégios especiais de Filipos como colônia romana para enfatizar a importância de nossa cidadania celestial (1.27, 3.20);
- O tema da alegria aparece ao longo de toda a carta ("alegria" em 1.4, 25, 2.2, 29, 4.1, "alegre-se" ou "regozije-se com" em 1.18, 2.17-18, 28, 3.1, 4:4, 10);
- Filipenses enfatiza o retorno do Senhor (1.6, 10, 2.9-11, 16, 3.20-21, 4:5).

A Via Egnatia, que passava por Filipos.

Conexões

Existem inúmeras maneiras em que Filipenses se aplica a nós. Podemos nos associar ao trabalho do evangelho, apoiando missionários financeiramente, como os filipenses apoiaram Paulo. A partir do exemplo do apóstolo, podemos aprender a permanecer fiéis em circunstâncias difíceis, nos alegrando no fato de que Deus está realizando algo bom por meio de uma situação difícil. Filipenses também nos lembra da importância da unidade dentro do corpo de Cristo – uma unidade que é possível graças à nossa imitação da humildade de Cristo e do nosso serviço uns aos outros (2.1-11). Por último, a carta nos lembra de que não cruzamos a linha de chegada na vida cristã. Não importa qual seja o nosso passado, não devemos ser escravizados por ele, nem excessivamente confiantes a respeito dele. Ainda estamos em uma jornada. Em vez disso, devemos obedecer a Deus em nossas atuais circunstâncias, sabendo que ele está sempre trabalhando em nós e que há um futuro maravilhoso nos esperando.

Colossenses

A supremacia e suficiência de Cristo

Ensino central

Jesus Cristo é a suprema revelação de Deus, e é suficiente para a mais profunda experiência de vida com Deus.

Versículo para memorizar

> Pois nele habita em corpo humano toda a plenitude de Deus. Portanto, porque estão nele, o cabeça de todo governante e autoridade, vocês também estão completos.
> Colossenses 2.9-10

Cenário

Colossenses muito provavelmente foi escrita por Paulo durante a sua primeira prisão em Roma, por volta de 60-62 d.C. Considerando que Tíquico levou ambas as cartas de Efésios e Colossenses (e provavelmente Filemom) aos seus respectivos leitores, todas as três cartas devem ter sido escritas a partir do mesmo lugar (Efésios 6.21-22 e Cl 4.7-9). Epafras provavelmente plantou a igreja em Colossos (Colossenses 1.7; 4.12-13) e mais tarde visitou Paulo em Roma com um relatório sobre a igreja nessa cidade (Filemom 23). Embora Epafras tivesse muitas coisas positivas a relatar (Cl 1.8; 2.5), ele também levantou sérias preocupações sobre um falso ensino que estava ameaçando a igreja. Paulo escreveu Colossenses para combater essa heresia e para exaltar Cristo como cabeça da igreja.

Mensagem

Segundo Paulo, o perigoso ensinamento que ameaça a igreja em Colossos dá a Cristo "um lugar", mas não "o lugar". Paulo nunca define explicitamente esta heresia, mas sua resposta na carta nos leva a concluir que ela enfatiza "argumentos que só parecem convincentes" (2.4, 8), visões particulares e conhecimento especial (2.18, 23), experiências místicas (2.8, 18) e normas e regulamentos rigorosos – até práticas ascéticas (2.16-17, 23). Paulo rotula o falso

O teatro em Hierápolis, uma cidade na Ásia Menor apenas uma curta distância de Colossos (Colossenses 4.13).

ensino como "filosofias vãs e enganosas, que se fundamentam nas tradições humanas e nos princípios elementares deste mundo, e não em Cristo" (2.8).

Paulo enfatiza que Cristo é supremo sobre todos os outros poderes espirituais e é suficiente para os cristãos de Colossos. O falso conhecimento de Cristo deve ser combatido pelo pleno conhecimento de Cristo. As muitas qualidades de Jesus (descritas em 1.15-22, 2.3, 8-10, 15, 17 e 3.1) contrastam com aspectos particulares da falsa filosofia.

Esboço

- ➢ Abertura da carta (1.1-2);
- ➢ Ações de graças e oração (1.3-14);
- ➢ A supremacia de Cristo (1.15-23);
- ➢ A missão de Paulo e a preocupação com os colossenses (1.24–2.5);
- ➢ A solução para o falso ensino: plenitude em Cristo (2.6-23);
- ➢ A nova vida em Cristo (3.1-17);
- ➢ O lar cristão (3.18–4.1);
- ➢ Instruções adicionais (4.2-6);
- ➢ Fechamento da carta (4.7-18).

Acontecimentos mais importantes

- Paulo escreve para uma igreja que ele nunca visitou (Cl 2.1);
- Porque a supremacia de Cristo é o tema principal de Colossenses, vemos mais conteúdo sobre a pessoa de Jesus do que em muitas cartas paulinas;
- Colossenses tem muito em comum com Efésios (por exemplo, Cl 3.18–

4.1 e Ef 5.22–6.9). Enquanto Colossenses enfatiza Cristo como o cabeça da igreja, Efésios se concentra na igreja como o corpo de Cristo;

- Paulo inclui uma sessão sobre como os cristãos devem viver em seus próprios lares (3.18-4.1).

Conexões

A mensagem de Colossenses aplica-se muito bem aos crentes e às igrejas ameaçadas pelo ensino falso, uma ocorrência muito comum em nossos dias. Porque alguns cristãos são fortemente influenciados pela religião popular ou por ideias pagãs (por exemplo, magia ou astrologia), eles vivem com medo quando seus horóscopos preveem eventos ruins. Eles estão mais preocupados com o destino, a sorte e a superstição do que com as palavras de Cristo. Talvez um número ainda maior de crentes esteja sujeito a regras e regulamentos religiosos, embora os comandos humanos não tenham o poder de encorajar a verdadeira espiritualidade. Nós vivemos em uma era sincrética, em que as várias ideias se fundem para fornecer falsos mestres, com abundante material para promover seus enganos. Colossenses afirma de maneira verdadeira e corajosa que Cristo é supremo sobre todos os autointitulados deuses e poderes; ele é suficiente para cada crente! Os cristãos receberam plenitude espiritual em Cristo, portanto não há necessidade de buscar suplemento espiritual.

Busto grego do antigo filósofo Epicuro.

1Tessalonicenses

Vivendo à luz da segunda vinda de Cristo: parte um

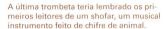

A última trombeta teria lembrado os primeiros leitores de um shofar, um musical instrumento feito de chifre de animal.

Ensino central
Por causa da esperança que temos em Cristo – esperança que será consumada em sua volta – devemos procurar agradar ao Senhor amando uns aos outros e perseverando na fé.

Versículo para memorizar
Pois o Senhor mesmo descerá do céu com um brado de comando, com a voz do arcanjo e com o toque da trombeta de Deus. Primeiro, os mortos em Cristo ressuscitarão. Depois, com eles, nós, os que ainda estivermos vivos, seremos arrebatados nas nuvens ao encontro do Senhor, nos ares. Então, estaremos com o Senhor para sempre. Portanto, animem uns aos outros com essas palavras.
1Tessalonicenses 4.16-18

Cenário
Tanto a primeira como a segunda carta aos tessalonicenses vêm de "Paulo, Silas e Timóteo" (1Ts 1.1, 2Ts 1.1), mas o conteúdo das cartas e o uso do "eu" em toda a escrita indica que Paulo é, provavelmente, o autor principal. Pouco depois de fundar a igreja em Tessalônica (ver Atos 17.1-10), Paulo e Silas deixaram a cidade por causa da oposição violenta dos judeus. A jovem e frágil igreja enfrentou forte pressão externa, e Paulo temia por sua segurança espiritual. Em inúmeras ocasiões ele tentou (sem sucesso) retornar à Tessalônica, mas recorreu a Timóteo para isso. Com o passar do tempo, Timóteo voltou para Paulo com uma boa notícia – os crentes em Tessalônica estavam se mantendo fortes, mas precisavam de encorajamento e instrução adicional. Paulo escreve estas cartas em Corinto, no início dos anos 50, com o propósito de incentivar e instruir esses novos crentes.

Mensagem
As duas cartas aos tessalonicenses são dedicadas ao encorajamento e instrução sobre como viver à luz do retorno (*parousia*) do Senhor Jesus. Em Paulo, vemos o coração de um pastor para uma congregação local que está enfrentando perseguição externa e lutando com questões internas. Depois de defender a verdade do evangelho e a integridade de seu apostolado, Paulo expressa genuína preocupação pelos tessalonicenses e os exorta a agradar ao Senhor, enquanto vivem à luz de sua segunda vinda. Nos capítulos 4 e 5, Paulo os lembra de que, embora os crentes sintam a aflição com a morte dos irmãos, eles sofrem com esperança por causa da ressurreição de Cristo. Ele, então, os instrui sobre o que está para vir. Primeiramente, Cristo *voltará*, e então *ressuscitará* o seu povo que morreu, transformando aqueles que ainda estarão vivos na sua vinda. O retorno de Cristo será público, visível e inconfundível. Será seguido pelo *arrebatamento* (ou reunião) do

povo de Cristo para si mesmo e uma *reunião* eterna com o Senhor. Os crentes devem estar em alerta e exercendo seu domínio próprio, para não serem surpreendidos com a vinda de Jesus. Deus não escolheu seus filhos para que sofram a ira, mas para que experimentem a salvação e a vida eterna.

Esboço
- Abertura da carta e ações de graças (1.1-10);
- O ministério fiel de Paulo no meio dos tessalonicenses (2.1-16);
- A preocupação contínua de Paulo com os tessalonicenses (2.17–3.13);
- Instruções sobre como agradar ao Senhor (4.1-12);
- Questões sobre a volta de Cristo (4.13–5.11);
- Últimas instruções sobre a vida da igreja (5.12-22);
- Encerramento da carta (5.23-28).

- Esta pode ser a carta mais antiga de Paulo (51 d.C.), dependendo de quando Gálatas é datada;
- Paulo menciona o tema da segunda vinda de Cristo no fim de cada capítulo (1.10; 2.19; 3.13; 4.13-18; 5.23);
- As duas cartas aos tessalonicenses são endereçadas a novos crentes encarando provações, e ambas os encorajam a perseverar em esperança.

Conexões
Enquanto alguns cristãos são consumidos por questões relacionadas ao fim dos tempos, outros parecem ter se esquecido de que Jesus está voltando. Sofremos com a degeneração deste mundo, mas um dia Cristo voltará para vencer a morte de uma vez por todas; ele fará novas todas as coisas. Nossas prioridades não devem nos levar a tentar prever o tempo exato da volta do Senhor, mas a nos empenharmos em viver fielmente, fazendo o que Deus nos disse que devemos fazer.

Acontecimentos mais importantes

Paulo pergunta: "quem é a nossa esperança, alegria ou coroa em que nos gloriamos perante o Senhor Jesus na sua vinda?" (1Ts 2.19). Em Roma receber uma guirlanda ou coroa composta de folhas de carvalho era uma grande honraria, conferida àqueles que salvaram a vida de um soldado romano em batalha por um ato excepcional de coragem. Esta coroa de ouro de carvalho foi encontrada na Turquia (350–300 a.C.).

2Tessalonicenses

Vivendo à luz da segunda vinda de Cristo: parte dois

Ensino central

Paulo repassa o verdadeiro e confiável ensino relacionado à volta de Cristo e encoraja os cristãos a perseverarem em uma vida justa e responsável, à medida que eles esperam seu retorno.

Versículo para memorizar

Mas o Senhor é fiel; ele os fortalecerá e os guardará do maligno. E confiamos no Senhor que vocês estão fazendo e continuarão a fazer aquilo que lhes ordenamos. Que o Senhor conduza o coração de vocês ao amor de Deus e à perseverança que vem de Cristo. 2Tessalonicenses 3.3-5

Cenário

Entre a escrita de 1 e 2Tessalonicenses, parece que a pressão externa cresceu mais ainda (1.3-10) e alguns ensinamentos de Paulo foram mal compreendidos, particularmente os que dizem respeito ao retorno de Cristo. Alguém estava confundindo os tessalonicenses ao ensinar que o "dia do Senhor" havia realmente chegado (2.12). Deve ter sido um pensamento atrativo para as pessoas que queriam ser libertas da perseguição, podendo até explicar por que algumas delas estavam perturbando a comunidade (3.6-15). Paulo escreveu 2Tessalonicenses para corrigir o falso ensinamento sobre o retorno do Senhor e para ajudar os crentes a manterem suas prioridades alinhadas enquanto eles esperam a segunda vinda. Como 1Tessalonicenses, esta segunda carta foi, provavelmente, escrita em Corinto no início dos anos 50 d.C.

Busto do imperador romano Calígula, que reinou de 37 d.C. a 41. Paulo diz em 2Tessalonicenses 2.4 que o homem da iniquidade "Se assenta no santuário de Deus, proclamando que ele mesmo é Deus", semelhante ao que Calígula tentou para fazer no templo de Jerusalém.

Mensagem

Paulo ensinou aos tessalonicenses sobre a segunda vinda de Cristo em sua primeira carta, mas eles ficaram confusos e preocupados (provavelmente por causa da influência de falsos mestres) de que o dia do Senhor já havia chegado. Seria a perseguição que eles estavam sofrendo, uma parte do julgamento de Deus contra eles? Paulo assegura-lhes que Cristo não retornará até que certos eventos aconteçam: "a apostasia" (2.3) deve ocorrer, e o "homem do pecado" (2.3) deve ser revelado. A "rebelião" refere-se a uma queda em relação a Deus, e "o homem da iniquidade" geralmente corresponde a outros relatos do Novo Testamento, de um inimigo de Deus no tempo no fim (o anticristo em 1João 2.18 e a "besta que saía do mar" em Apocalipse 13.1). Por enquanto, esse fato é restringido de alguma forma (2Tessalonicenses 2.7).

Paulo também instrui a igreja a manter-se afastada daqueles que são egoístas e que estão envolvidos em divisão, seguindo seu exemplo de trabalhar duro de modo a beneficiar a comunidade. Paulo reafirma aos cren-

134 O Novo Testamento livro por livro

tes que Deus os escolheu e os chamou para experimentar a salvação, por meio da obra do Espírito e da crença na verdade, e os desafia a permanecerem firmes e apegar-se aos ensinamentos que receberam anteriormente.

Esboço

➤ Abertura da carta, ações de graças e oração (1.1-12);

➤ Instruções sobre os eventos que conduzem à volta de Cristo (2.1-12);

➤ Reafirmação e oração pelos crentes (2.13–3.5);

➤ Aviso contra comportamento faccioso (3.6-15);

➤ Encerramento da carta (3.16-18).

Acontecimentos mais importantes

• Paulo menciona vários tópicos-chave relacionados à segunda vinda de Jesus, como o dia do Senhor, a apostasia, o homem da iniquidade e aquele que o detém (2.7);

• Equívocos sobre a volta de Cristo podem levar a uma vida facciosa e infiel por parte de alguns. Cerca de 40% desta carta trata da volta de Cristo;

• Nesta rápida sequência de 1Tessalonicenses, Paulo nos lembra a importância de explicar nossa teologia, clara e persistentemente.

Conexões

Mesmo os melhores pastores às vezes são mal compreendidos, e até mesmo os melhores pastores devem, ocasionalmente, ser rígidos. Nesse sentido, Paulo fala honestamente, com clareza e coragem, para trazer sabedoria e equilíbrio à questão da segunda vinda de Cristo. Ele nos lembra de que, enquanto devemos viver à luz da esperança do retorno de Cristo, isso não deve fazer com que vivamos de forma autônoma. Devemos continuar a viver com sabedoria e fidelidade, à medida que esperamos a sua vinda. A escatologia bíblica sempre leva à ética bíblica, não ao escapismo egocêntrico.

Restos do mercado em Tessalônica.

1 Timóteo

Ensine a verdade

Ensino central

Paulo escreve para impedir o falso ensino na igreja e para ensinar a igreja como se comportar.

Versículo para memorizar

Você, porém, que é um homem de Deus, fuja de todas essas coisas más. Busque a justiça, a devoção e também a fé, o amor, a perseverança e a mansidão. Lute o bom combate da fé. Apegue-se firmemente à vida eterna para a qual foi chamado e que tão bem você declarou na presença de muitas testemunhas.
1 Timóteo 6.11-12

Cenário

As epístolas 1 e 2 Timóteo e Tito são conhecidas como Cartas Pastorais, porque cada uma delas se dirige a um pastor.
Timóteo acompanhou Paulo em sua segunda e terceira viagens missionárias e é corremetente em cinco das cartas do apóstolo. Ele estava servindo como pastor da igreja em Éfeso na época. Tito, um crente gentio e um dos companheiros mais próximos de Paulo no ministério, estava servindo como

Busto do Imperador Nero, que governou Roma quando Paulo escreveu as Cartas Pastorais.

pastor na ilha de Creta. Para esses dois parceiros confiáveis e caríssimos no ministério, Paulo escreveu três cartas muito importantes sobre a vida na igreja local.

Em algum momento entre 63 e 67 d.C., Paulo escreveu cartas a Timóteo (em Éfeso) e Tito (em Creta), instruindo-os sobre o ministério na igreja local e encorajando-os a perseverar. Depois que Paulo foi preso pela segunda vez, ele escreveu para Timóteo uma última carta, um adeus ao seu amigo fiel. (Ver também o "Cenário" de 2 Timóteo e Tito.)

Mensagem

Paulo havia advertido anteriormente aos presbíteros de Éfeso que os falsos mestres de seu próprio grupo iriam distorcer a verdade e desviar as pessoas (Atos 20.30). De acordo com 1 Timóteo 1.3-7, é exatamente isso o que aconteceu. Em Éfeso, os falsos ensinamentos se tornaram um problema, e os presbíteros eram responsáveis por ensiná-los (1 Tm 3.1-7; 5.17-25). Em outras palavras, a igreja em Éfeso estava sendo ameaçada por alguns de seus próprios líderes.

Depois de desafiar Timóteo a ensinar a verdade (1.3-20), Paulo dá instruções sobre adoração e liderança na igreja local (1 Timóteo 2-3). Ele se concentra no tema da piedade (1 Tm 4), que talvez seja a qualidade mais signifi-

136 O Novo Testamento livro por livro

cativa para qualquer líder efetivo da igreja. Nos capítulos finais, Paulo é muito prático e oferece instruções corretivas para vários grupos, incluindo os presbíteros da igreja. Paulo desafia Timóteo a ser o líder que Deus quer que ele seja, não mostrando favoritismo, mantendo-se puro, ensinando a verdade, resistindo à tentação e combatendo o bom combate da fé.

Esboço

➢ Abertura da carta (1.1-2);

➢ Desafio para Timóteo: ensine a verdade (1.3-20);

➢ Instruções sobre a adoração na igreja e liderança (2.1–3.16);

➢ Perseguir a piedade e evitar falsos ensinos (4.1-16);

➢ Instruções para grupos dentro da igreja (5.1–6.2);

➢ Avisos finais (6.3-21).

Acontecimentos mais importantes

• Paulo apresenta qualificações e instruções para líderes da igreja (presbíteros e diáconos) em 1Timóteo 3.1-13; 5.17-25; e Tito 1.6-9;

Uma moeda romana com um retrato de Nero

• 1 Timóteo 2.11-15 apresenta uma significativa (e muito debatida) passagem a respeito do papel das mulheres na igreja;

• Primeira Timóteo 6 contém um sábio conselho sobre como cristãos devem usar o dinheiro;

• As cartas pastorais contêm cinco "afirmações dignas de toda aceitação" (1Tm 1.15; 3.1; 4.9; 2Tm 2.11; Tito 3.8).

Conexões

As Cartas Pastorais continuam a falar de maneira significativa sobre a vida e o ministério na igreja local, especialmente em termos das qualificações e responsabilidades dos líderes da igreja (1Tm 3.1-13, Tito 1.5-9). Hoje, devemos prestar atenção em todos os itens nessas listas, em vez de sermos seletivos sobre quais aplicar. Junto com o estabelecimento de um exemplo piedoso, certos líderes são encarregados de ensinar as Escrituras com fidelidade e precisão. Uma vez que o falso ensino continua a ameaçar a igreja, afastando as pessoas de Cristo, é tarefa do líder pastorear o rebanho, afastando-se do perigo e voltando-se para a verdade de Deus.

2Timóteo

Uma palavra final para um amigo fiel

Um pergaminho de papiro. Em 2Timóteo 4.13, Paulo instrui Timóteo a trazer seus "livros, especialmente os pergaminhos".

Ensino central
Nesta última carta, Paulo desafia seu filho na fé, Timóteo, a combater o bom combate e terminar a jornada.

Versículo para memorizar
> Toda a Escritura é inspirada por Deus e útil para nos ensinar o que é verdadeiro e para nos fazer perceber o que não está em ordem em nossa vida. Ela nos corrige quando erramos e nos ensina a fazer o que é certo. 2Timóteo 3.16

Cenário
Todas as três Cartas Pastorais reivindicam Paulo como seu autor, mas sua autoria tem sido questionada por muitos estudiosos contemporâneos, porque o estilo literário e a ênfase doutrinária diferem das outras cartas do apóstolo. Além do mais, não há lugar no livro de Atos onde as pastorais parecem se encaixar. No entanto, argumentos sólidos permanecem a favor da autoria paulina destas cartas. As cartas provavelmente foram escritas após a conclusão da história contada em Atos, e os diferentes assuntos, propósitos e circunstâncias são responsáveis por muitas das diferenças. Também é possível que Lucas tenha servido como secretário de confiança de Paulo, recebendo mais liberdade para compor as cartas (2Tm 4.11). Paulo, provavelmente, escreveu 2Timóteo por volta de 67-68 d.C., após ser preso em Roma pela segunda vez e pouco antes de ser martirizado. (Ver também o "Cenário" de 1Timóteo e Tito.)

Mensagem
Enquanto o primeiro aprisionamento de Paulo em Roma era um cárcere domiciliar, sua segunda prisão parece mais severa. Abrigado em um lugar frio, úmido e de difícil localização, Paulo foi abandonado por alguns e tornou-se alvo de oposição por outros. Há uma sensação de que a morte está próxima, fazendo

A prisão Mamertine em Roma, onde Paulo provavelmente estava preso quando escreveu 2Timóteo.

de 2Timóteo uma espécie de último desejo e testamento. Paulo lembra a Timóteo da fé sincera transmitida a ele por sua avó e sua mãe. Exorta Timóteo a permanecer fiel, a trabalhar duro no ministério e a estar disposto o suficiente pela causa do evangelho. Ele diz a Timóteo para manter os ensinamentos da fé, para lidar corretamente com as Escrituras e para permanecer fiel ao evangelho centrado em Cristo. Além disso, Paulo adverte Timóteo a respeito de falsos mestres e charlatões e o encoraja a buscar piedade, sendo um imitador do estilo de vida do apóstolo. As últimas palavras de Paulo a Timóteo (4.1-18) estão repletas de emoção. Paulo lembra que Deus é fiel mesmo no final da vida de uma pessoa, e roga a Timóteo para vir visitá-lo antes que seja tarde demais. Paulo revela seu profundo amor por seu amigo fiel, encerrando sua última carta com a expressão que caracteriza sua vida talvez mais do que qualquer outra: "A graça seja com vocês" (4.22).

Esboço

- Abertura da carta (1.1-2);
- Encorajamento a permanecer fiel (1.3-18);
- Seja forte na graça de Deus e persevere na dificuldade (2.1-13);
- Um obreiro que maneja corretamente a Palavra (2.14-26);
- Perseverando em tempos difíceis (3.1-17);
- Últimas palavras de Paulo para Timóteo (4.1-18);
- Encerramento da carta (4.19-22).

Acontecimentos mais importantes

- Segunda Timóteo é, provavelmente, a última carta de Paulo, escrita em curto período de tempo antes de seu martírio (veja 2Tm 4.16-18);
- Segunda Timóteo 3.16-17 oferece uma afirmação extremamente importante a respeito da inspiração das Escrituras;
- A carta é cheia de metáforas para a longevidade da vida cristã (por exemplo, uma prova atlética ou uma batalha).

Conexões

A última carta de Paulo nos chama a perseverar fielmente, a despeito das circunstâncias difíceis da vida e do ministério. Embora sempre existam falsos mestres, perturbadores, entes queridos prestes a falecer e dúvidas sobre nossas próprias capacidades, Deus permanece fiel. Diante desses problemas, Paulo aponta Timóteo para além de si mesmo, sinalizando a graça suficiente de Deus para fazê-lo prosseguir. Nós, assim como Timóteo, precisamos cumprir fielmente nosso chamado. Precisamos também amar aqueles que estão sob nosso cuidado, permanecer fiéis à Palavra de Deus, suportar a oposição e completar a corrida determinada para nós, para que possamos dizer como Paulo: "Combati o bom combate, terminei a corrida, guardei a fé" (2Tm 4.7).

A linha de partida usada para os jogos de Pythia, em Delfos, Grécia.

Tito

Devotando-se às boas obras

Ensino central

Como poderosas testemunhas em uma sociedade pagã, cristãos devem devotar-se a fazer o bem.

Versículo para memorizar

> Pois a graça de Deus foi revelada e a todos traz salvação. Somos instruídos a abandonar o estilo de vida ímpio e os prazeres pecaminosos. Neste mundo perverso, devemos viver com sabedoria, justiça e devoção, enquanto aguardamos esperançosamente o dia em que será revelada a glória de nosso grande Deus e Salvador, Jesus Cristo. Ele entregou sua vida para nos libertar de todo pecado, para nos purificar e fazer de nós seu povo, inteiramente dedicado às boas obras.
> Tito 2.11-14

Cenário

As epístolas de 1 e 2Timóteo e Tito são conhecidas como Cartas Pastorais, porque foram direcionadas a pastores. Tito, um crente gentio e um dos mais próximos companheiros de ministério de Paulo, servia como pastor na ilha de Creta quando recebeu esta carta do apóstolo. Quando o livro de Atos encerra, Paulo ainda está em prisão domiciliar em Roma, aguardando sua audiência perante César (At 28.30-31). Não nos é dito como as coisas aconteceram com Paulo, mas a tradição da igreja primitiva relata que ele foi libertado da prisão. Depois disso, continuou seu ministério por algum tempo, foi preso novamente em Roma e acabou sendo martirizado. A seguinte reconstrução do cenário histórico é uma forma de dar sentido à evidência bíblica:

- Primeiro aprisionamento em Roma, por volta de 60-62 d.C. (Atos 28);
- Liberação do primeiro aprisionamento em Roma (não registrado em Atos);
- Viajou para o Oeste (talvez chegando à Espanha, ver Romanos 15.24, 28);
- Viajou para Creta, onde deixou Tito (Tt 1.5);
- Viajou para Mileto (2Tm 4.20);
- Viajou a Éfeso, onde deixou Timóteo (1Tm 1.3);
- Viajou para a Macedônia (1Tm 1.3, Fp 2.24) e Nicópolis (Tt 3.12);
- Preso no caminho para Éfeso (possivelmente em Trôade, ver 2Tm 4.13);
- Preso uma segunda vez em Roma e martirizado durante a perseguição de Nero, por volta de 67-68 d.C. (2Tm 1.16-17; 2.9; 4.6-8, 13, 20-21).

A enseada dos Bons Portos, na ilha de Creta.

Localização de Creta.

Em algum momento entre 63 e 67 d.C., Paulo escreveu cartas a Timóteo (em Éfeso) e Tito (em Creta), instruindo-os sobre o ministério da igreja local e encorajando-os a perseverar. (Veja também o "Cenário" de 1 e 2Timóteo.)

Mensagem

Paulo deixou Tito em Creta para nomear líderes em várias igrejas caseiras (1.5). O povo de Creta tinha uma reputação de desonestidade, glutonaria e preguiça (1.12), então não é nenhuma surpresa que o foco de Paulo na carta a Tito seja sobre como o povo de Deus deve viver no meio de uma sociedade pagã. Os cristãos devem dedicar-se a praticar o bem, que é o tema principal desta carta (Tito 1.8, 16, 2.7, 14, 3.1-8, 14). Além disso, Paulo instrui Tito sobre questões relacionadas ao combate ao falso ensino, ao compartilhar da doutrina e às relações dentro da igreja.

Esboço

- ➤ Abertura da carta (1.1-4);
- ➤ Instruções para grupos dentro da igreja (1.5–2.15);
- ➤ Devotando-se à prática do bem (3.1-11);
- ➤ Encerramento da carta (3.12-15).

Acontecimentos mais importantes

- A carta de Paulo a Tito enfatiza repetidamente as boas obras como a expressão normal de uma verdadeira fé cristã (ver Tito 2.7, 14; 3.1, 8, 14);
- Paulo esclarece que a "bendita esperança" de todos os crentes é o retorno de Jesus Cristo (2.13);
- Junto com 1Timóteo 3.1-13 e 5.17-25, Paulo apresenta qualificações e instruções para líderes da igreja em Tito 1.6-9.

Conexões

As Cartas Pastorais falam de maneira significativa sobre a vida e o ministério da igreja local. Em Tito, especialmente, Paulo destaca a importância de praticar o bem. Somos salvos pela graça e não por meio das boas obras, mas os verdadeiros crentes se dedicarão a fazer boas obras, como demonstração da autenticidade de sua fé. Como Paulo diz em Efésios, somos salvos pela graça, mediante à fé, para as boas obras (Efésios 2.8-10).

Filemom

Igualdade em Cristo

Ensino central
O relacionamento de uma pessoa com Jesus pode mudar todos os outros relacionamentos, trazendo igualdade entre aqueles que estão em Cristo.

Versículo para memorizar
> Ao que parece, você perdeu Onésimo por algum tempo para ganhá-lo de volta para sempre. Ele já não é um escravo para você. É mais que um escravo: é um irmão amado, especialmente para mim. Agora ele será muito mais importante para você, como pessoa e como irmão no Senhor.
> Filemom 15-16

Cenário
Paulo escreveu esta carta provavelmente quando foi prisioneiro em Roma, no início da década de 60 d.C., quase na mesma época em que escreveu Efésios, Colossenses e Filipenses. Além de Paulo, dois personagens principais aparecem neste drama. Filemom é o dono de escravos que se tornou um crente, em Colossos, por meio do ministério de Paulo (v. 19). Onésimo é o escravo fugitivo que pode ter roubado de seu mestre (v. 18), que entra em contato com Paulo em Roma e, posteriormente, se torna um cristão (v. 10). Paulo escreveu para persuadir Filemom a agir de certo modo em direção ao seu escravo humano, porque ambos, agora, são irmãos em Cristo.

Mensagem
O que tem em comum um apóstolo, um rico dono de escravos e um escravo fugitivo? Nada, a menos que estejam unidos como irmãos em Cristo. Este pequeno relato conta a história de como o relacionamento com Jesus muda todos os outros relacionamentos, especialmente aqueles dentro do corpo de Cristo. Paulo escreve como um "prisioneiro de Cristo" (vv. 1, 9) para persuadir Filemom a receber Onésimo como ele receberia o próprio Paulo (v. 17), sem puni-lo ou matá-lo, que é um tratamento típico para escravos fugitivos sob a lei romana. Paulo quer que Filemom dê boas-vindas a Onésimo como um "irmão muito amado" (v. 16) e talvez até libertá-lo para servir à causa de Cristo (v. 21). A expressão "ainda mais" no versículo 21 sugere que Paulo deseja que Filemom liberte Onésimo e o envie para ajudá-lo no serviço missionário.

Em vez de pedir a abolição da instituição da escravidão romana, uma estratégia que poderia ter destruído a igreja primitiva, Paulo reconhece os males da escravidão humana e prega um evangelho que, finalmente, leva à sua queda. Paulo emprega estratégias retóricas inteligentes, mas poderosas, para persuadir Filemom a agir de forma redentora com seu escravo. Por exemplo, ele escreve como um "velho" e um "prisioneiro" ao pedir simpatia em seu apelo a seu "filho Onésimo" (vv. 9-10). Como File-

O monde de um cadáver de um escravo (como indicado pelas algemas em seu tornozelos) recuperados de as ruínas de Pompeia.

O interior do Coliseu em Roma, mostrando o que está por baixo o chão do estádio.

mom renovou o coração de outros (v. 7), Paulo envia o seu "próprio coração" (Onésimo) de volta (v. 12), esperando que Filemom também renove o coração de Paulo (v. 20). O apóstolo está equalizando Filemom e Onésimo como irmãos em Cristo, colocando, assim, um dono de escravos e um escravo no mesmo nível. Ele fala da perspectiva eterna na esperança de que Filemom honrará seus pedidos.

Esboço

- Abertura da carta (1-3);
- Ações de graça e oração (4-7);
- Apelo de Paulo em favor de Onésimo (8-21);
- Pedido pessoal de Paulo (22);
- Encerramento da carta (23-25).

Acontecimentos mais importantes

- Paulo faz uso de forte retórica (a arte da persuasão) nesta carta;
- Em vez de tentar destituir diretamente a escravidão, Paulo prega um evangelho de liberdade e igualdade em Cristo – um evangelho que consequentemente destrói a escravidão;
- As importantes expressões "em Cristo" (8, 20, 23) e "no Senhor" (16, 20) aparecem por toda a carta para ilustrar o tema principal.

Conexões

Esta breve carta serve como um poderoso lembrete de que estar "em Cristo" muda a maneira como devemos tratar as outras pessoas, especialmente pessoas de diferentes estratos sociais, raciais e econômicos (Gl 3.28). Como irmãos e irmãs em Cristo, devemos responder diferentemente uns aos outros (por exemplo: perdoando, aceitando, intercedendo, retribuindo). O livro de Filemom nos lembra de que uma nova relação com Deus deve resultar em novas relações com o povo de Deus.

Hebreus

"Deus falou conosco por meio de seu Filho"

Ensino central
Hebreus nos chama a permanecer firmes na fé, fixando nossos olhos em Jesus, a suprema revelação de Deus para seu povo.

Versículo para memorizar
> Portanto, uma vez que estamos rodeados de tão grande multidão de testemunhas, livremo-nos de todo peso que nos torna vagarosos e do pecado que nos atrapalha, e corramos com perseverança a corrida que foi posta diante de nós. Mantenhamos o olhar firme em Jesus, o líder e aperfeiçoador de nossa fé.
> Hebreus 12.1-2

Cenário
Ninguém tem certeza de quem seja o autor de Hebreus (talvez Paulo, Barnabé, Lucas, Apolo, Silvano ou Filipe?). Enquanto Paulo sempre se identifica como autor, o escritor desta carta não se identifica. Esse autor não era um apóstolo nem uma testemunha ocular da vida de Jesus (Hb 2.3). Ele foi, no entanto, altamente educado por causa de seu estilo grego polido, argumentos retóricos persuasivos e conhecimento extenso do Antigo Testamento. Ele também era um poderoso pregador e seguidor comprometido de Jesus Cristo. Essa descrição pode se encaixar em Apolo melhor do que qualquer outra, mas devemos permanecer cautelosos.

A audiência é provavelmente uma igreja doméstica cristã ou um grupo de igrejas nos lares, em algum lugar perto de Roma. Eles eram cristãos com alguma ligação prévia com a sinagoga judaica e tinham enfrentado oposição, mas não o martírio. Aparentemente, uma ou mais dessas igrejas domésticas começa- ram a se afastar do corpo principal de crentes na cidade e estavam considerando um retorno ao judaísmo, para evitar mais perseguição (10.25). Os crentes desanimados não estavam crescendo espiritualmente e estavam correndo o risco de fugir da verdadeira fé. Parece razoável datar a carta em meados dos anos 60, no início da perseguição da igreja empreendida por Nero, dentro e nos arredores de Roma.

Mensagem
Esta carta é mais especificamente chamada dew uma "palavra de exortação" ou de um sermão (Hb 13.22) e desafia um grupo de crentes frágeis a perseverar em seu compromisso com Cristo,

Uma espada de dois gumes.

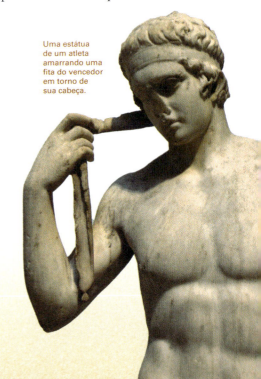

Uma estátua de um atleta amarrando uma fita do vencedor em torno de sua cabeça.

144 O Novo Testamento livro por livro

Um modelo do tabernáculo.

em vez de se afastar rumo à incredulidade. Deus falou soberanamente por meio de Jesus Cristo – o Filho eterno e soberano, o único sacrifício suficiente, e aquele que entende nossas fraquezas e intercede por nós. Os crentes não podem ignorar ou rejeitar Jesus se quiserem permanecer adequadamente relacionados a Deus. Para persuadir sua audiência a perseverar, o pregador combina palavras de advertência (2.1-4; 3.7-19; 4.12-13; 6.4-8; 10.26-31; 12.25-29) com palavras de segurança (6.9-12, 19-20; 7.25; 10.14, 32-39). Como resultado, o livro de Hebreus sustenta uma tensão entre o perigo de não perseverar na fé e as promessas de Deus para aqueles que perseveram.

Esboço

- Jesus, a Palavra final de Deus (1.1-4);
- Jesus, autor da salvação e superior aos anjos (1.5-–2.18);
- A fidelidade de Jesus nos chama à fidelidade (3.1–4.13);
- A superioridade do sacerdócio e ministério de Cristo (4.14–10.25);
- Chamado a perseverar na jornada da fé (10.26–12.29);
- Exortações práticas (13.1-19);
- Encerramento (13.20-25).

Acontecimentos mais importantes

- Hebreus aprofunda em grandes detalhes as práticas de adoração dos judeus, incluindo o papel do sumo sacerdote e a função do tabernáculo;
- Hebreus apresenta tanto o temor a Deus (advertência) como a graça de Deus (consolo) como importantes realidades espirituais que não podem ser negligenciadas;
- Em Hebreus, encontramos uma clara e forte ênfase na completa humanidade e completa divindade de Jesus.

Conexões

A fé é fácil até ser testada. A mensagem de Hebreus confronta um grupo de pessoas que está pensando em desistir da fé cristã. O autor é um pregador compassivo e capaz de persuadir e exortar esses crentes com todo o seu poder, na esperança de trazê-los de volta à segurança espiritual. Nos momentos mais tenebrosos, devemos olhar para Jesus, aquele que suportou voluntariamente essa mesma escuridão para nos reconciliar com o Pai. Ele nunca vai nos decepcionar.

Tiago

A fé verdadeira funciona

Ensino central

A fé genuína inevitavelmente resultará em ações práticas que honram a Deus.

Versículo para memorizar

> Meus irmãos, considerem motivo de grande alegria sempre que passarem por qualquer tipo de provação, pois sabem que, quando sua fé é provada, a perseverança tem a oportunidade de crescer. E é necessário que ela cresça, pois quando estiver plenamente desenvolvida vocês serão maduros e completos, sem que nada lhes falte.
> Tiago 1.2-4

Cenário

O autor se identifica como "Tiago, servo de Deus e do Senhor Jesus Cristo" (1.1). A identificação mais provável é Tiago, o meio-irmão de Jesus e líder na igreja de Jerusalém. Ele se tornou um crente após a ressurreição de Jesus e foi visitado individualmente pelo Senhor ressuscitado (1Co 15.7). De acordo com a história da igreja primitiva, Tiago foi apedrejado até a morte em 62 d.C. por causa de seu compromisso com Jesus. Tiago escreve às "doze tribos dispersas entre as nações" (1.1), muito provavelmente referindo-se a judeus cristãos que viviam fora da Palestina. Alguns (ou a maioria) desses cristãos podem ter vindo da igreja em Jerusalém, que foi dispersa após a perseguição associada à morte de Estêvão (At 8.1; 11.19). Esta carta deve ter sido escrita, antes da morte de Tiago, em 62 d.C., e muitos estudiosos acreditam que tenha sido escrita no final da década de 40 d.C., tornando-se uma das primeiras cartas do Novo Testamento.

Mensagem

Tiago oferece conselhos práticos para viver a fé cristã na vida cotidiana. Ele está extremamente preocupado com três temas-chave: provações e tentações, sabedoria (especialmente em relação à fala), riqueza e pobreza.

1. Tiago exorta seus leitores a considerarem motivo de grande alegria" (1.2) quando encontrarem vários tipos de provações, especialmente dificuldades econômicas e sociais. Eles podem responder com alegria ou contentamento profundo (ao contrário da felicidade emocional) porque sabem que Deus está usando as provações para produzir resistência e, com o tempo, torná-los maduros e plenos;

Espelhos antigos.

O freio antigo de um cavalo.

2. Como cristãos, devemos pedir a Deus sabedoria sempre que necessário, confiando em seu caráter bondoso e generoso que nos dará o que pedimos. A verdadeira sabedoria se manifesta em como tratamos outros crentes, especialmente na forma como usamos a nossa fala. A chave para a sabedoria piedosa sempre foi uma postura saudável de temor e confiança no Senhor.

3. Crentes que se encontram em humilhantes circunstâncias financeiras podem sempre colocar sua confiança em um alto nível no Senhor. O crente próspero deve se lembrar da natureza efêmera de sua riqueza e colocar sua confiança unicamente em seu relacionamento com Deus.

Esboço
- Saudações (1.1);
- Três temas-chave (1.2-11);
- Três temas repetidos (1.12-27);
- Três temas explicados (2.1–5.18;
- Encerramento da carta (5.19-20).

Acontecimentos mais importantes
- Há muitos paralelos entre Tiago e os ensinos de Jesus, em especial com o Sermão do Monte (Mt 5-7);
- O livro de Tiago provavelmente foi escrito pelo meio-irmão de Jesus, que se tornou crente depois da ressurreição do Senhor;
- Embora Tiago e Paulo pareçam se contradizer no assunto sobre fé e obras (ver Tg 2.24 e Gl 2.15-16), estudos mais aprofundados revelaram que eles estão abordando questões diferentes;
- Tiago é um apreciador de imperativos. Mais de cinquenta diretivas podem ser encontradas nos 108 versículos desta carta.

Conexões
Muitas provações mencionadas por Tiago na carta foram causadas por pessoas ricas e poderosas, que oprimiam pessoas pobres e vulneráveis. Ao mesmo tempo em que condena o favoritismo e pede justiça, Tiago também nos encoraja a enfrentar as provações com a atitude correta – uma confiança pacífica de que Deus pode usar a dificuldade para nos tornar mais semelhantes a Jesus. Tiago nos chama a rejeitar a sabedoria mundana em favor da sabedoria divina, especialmente na maneira como falamos. Ele também nos lembra de que a fé bíblica envolve mais do que concordar intelectualmente com certas doutrinas; a fé genuína se expressa em ações ou obras. Uma das principais maneiras de nossa fé funcionar é por meio do uso de nossas posses para atender às necessidades práticas de outras pessoas.

1Pedro

Permaneça firme diante do sofrimento

Mulher romana com cabelo trançado (provavelmente Julia Domina, esposa do Imperador Severo).

Ensino central
Deus chama seu povo perseguido para permanecer firme em sua graça, que permite que os crentes vivam piedosamente em meio às provações.

Versículo para memorizar
Deus, em toda a sua graça, os chamou para participarem de sua glória eterna por meio de Cristo Jesus. Assim, depois que tiverem sofrido por um pouco de tempo, ele os restaurará, os sustentará e os fortalecerá, e os colocará sobre um firme alicerce.
1Pedro 5.10

Cenário
As cartas 1 e 2Pedro afirmam ter sido escritas por Pedro, o apóstolo de Jesus Cristo (1Pe 1.1, 2Pe 1.1). Na primeira carta, Pedro escreve, com a ajuda de Silas (ou Silvano), como um presbítero que testemunhou os sofrimentos de Cristo (5.1). A tradição cristã primitiva apoia unanimemente Simão Pedro como autor de 1Pedro.

O autor diz que está escrevendo da "Babilônia" – provavelmente uma referência velada a Roma (1Pe 5.13) – a crentes dispersos nas cinco províncias romanas da Ásia Menor, que estão experimentando um certo grau de perseguição por causa de sua fé. A tradição da igreja relata que Pedro foi martirizado, algum tempo depois que Nero começou a perseguir cristãos em 64 d.C. Portanto, 1Pedro provavelmente foi escrita em torno de 63-64 d.C.

Mensagem
Quando os crentes são ameaçados pela perseguição, a solução é permanecer na graça de Deus (5.12). Pedro abre sua carta louvando a Deus por prover a salvação por intermédio da morte e ressurreição de Jesus Cristo. Para viver essa surpreendente salvação no meio de pesado sofrimento, os crentes precisam preparar a mente para a ação, exercer o domínio próprio, firmar sua esperança nas promessas de Deus, resistir a conformar-se ao mundo e viver vida santa. Pedro também afirma a importância da comunidade para a perseverança. Quando os crentes entram em um relacionamento com Jesus ("a pedra viva"), eles se tornam "pedras vivas" que estão sendo edificadas em uma "casa espiri-

Monte Hermon, a possível localização da transfiguração de Jesus.

148 O Novo Testamento livro por livro

Canto sudoeste do monte do Templo.

tual" (2.4-5). Composta de judeus e gentios, a igreja multicultural é o povo de Deus, uma descrição reservada apenas para Israel. Pedro encoraja seus leitores a abraçar o nome do Senhor, estando preparados para responder adequadamente aos pagãos, seguindo o exemplo de Jesus, vivendo urgentemente à luz do retorno de Cristo e considerando um privilégio sofrer por ele. Em suas exortações finais (5.1-11), Pedro se dirige aos presbíteros ou supervisores que estão encarregados de pastorear o rebanho de Deus debaixo de seu cuidado.

Esboço
- Saudação e louvor a Deus pela providência da salvação (1.1-12);
- Um chamado para a vida santa (1.13–2.3);
- A comunidade pertence a Deus (2.4-10);
- Vivendo de forma piedosa entre os pagãos (2.11–3.12);
- Sofrendo injustamente pelo nome do Senhor (3.13–4.19);
- Exortações finais e encerramento (5.1-24).

Acontecimentos mais importantes
- Primeira Pedro fala muito sobre como cristãos devem entender e encarar o sofrimento pela causa de Cristo;
- Uma motivação para viver uma vida piedosa neste mundo é o impacto que terá sobre os pagãos, que é um tema importante em 1Pedro;
- Primeira Pedro 2 contém uma metáfora fascinante para a igreja: pedras vivas sendo construídas em uma casa ou templo espiritual para Deus;
- A primeira carta de Pedro contém várias confissões poderosas centradas em Cristo (1.19-21; 2.21-25; 3.18-22).

Conexões
A perseguição assume várias formas para os cristãos ocidentais: escárnio, difamação, ostracismo e discriminação econômica (para citar apenas alguns). Primeira Pedro fornece perspectiva e encorajamento muito necessários para aqueles que estão sofrendo injustamente. Somos lembrados de quem somos como povo de Deus, da natureza sólida de nossa esperança em Cristo e da necessidade de vivermos vidas santas. Devemos pensar sobre a melhor maneira de responder à perseguição, sabendo que o próprio Jesus sofreu e assegurou que o sofrimento pode produzir algo bom. Para enfrentar a injustiça de uma maneira piedosa, precisamos de uma lembrança renovadora da graça de Deus, e é exatamente isso que 1Pedro nos oferece.

2Pedro

Crescimento no conhecimento de Cristo

Ensino central

Crentes devem crescer na graça e no conhecimento de Jesus Cristo, com o objetivo de permanecerem firmes na fé cristã histórica e serem capazes de rebater apropriadamente falsos ensinos.

Versículo para memorizar

> Logo, amados, não se esqueçam disto: para o Senhor, um dia é como mil anos, e mil anos como um dia. Na verdade, o Senhor não demora em cumprir sua promessa, como pensam alguns. Pelo contrário, ele é paciente por causa de vocês. Não deseja que ninguém seja destruído, mas que todos se arrependam.
> 2Pedro 3.8-9

Cenário

As cartas 1 e 2Pedro afirmam ter sido escritas pelo apóstolo Pedro (1Pe 1.1, 2Pe 1.1). Por causa das diferenças estilísticas entre as duas cartas, a autoria de 2Pedro tem sido debatida desde os tempos antigos. No entanto, o autor afirma ter estado no monte da transfiguração com Jesus (2Pedro 1.16-18) e ter escrito uma carta anterior (3.1); além disso, ele se refere a Paulo como "nosso amado irmão" (3.15) e espera morrer em breve (1.14). Considerando tudo isso, essas afirmações apontam para o apóstolo Pedro como o legítimo autor desta carta.

Como Judas, 2Pedro foi escrita como uma resposta à ameaça de ensino falso. A heresia primária envolvia negar o retorno de Cristo, defender a vida imoral e a rejeição da verdade. Segunda Pedro foi escrita pouco antes da morte do apóstolo, ocorrida em algum momento entre os anos 64 e 68 d.C.

Mensagem

Pedro assegura a seus leitores que eles têm tudo do que precisam para a vida piedosa por intermédio do seu conhecimento de Deus. Por meio do chamado e das promessas de Deus, os crentes podem crescer mais semelhantes a Jesus, ampliando seu conhecimento do Senhor. Porque Pedro sabe que sua morte está próxima, ele sente a grande responsabilidade de lembrar a seus leitores das verdades básicas da fé – coisas que eles já sabem, mas precisam viver de maneira consistente. Ele os lembra de que Jesus voltará, uma realidade que os falsos mestres negam, e enfatiza que Jesus retornará como Juiz daqueles que negam a verdade de Deus, pervertendo a fé em um subterfúgio para a vida sem Deus. O Senhor é fiel

Sodoma.

e cumprirá sua promessa de voltar. Enquanto isso, Deus atrasa seu julgamento porque é paciente, não querendo que as pessoas pereçam, mas desejando que todos se arrependam. Quando chegar o dia do Senhor, virá de repente e surpreendentemente, como um ladrão na noite (3.10). A terra presente e os céus serão destruídos pelo fogo, dando lugar à criação dos novos céus e da nova terra.

Esboço

> - Saudação (1.1-2);
> - Crescendo em nosso conhecimento de Deus (1.3-11);
> - Apelo pessoal (1.12-15);
> - Lembrança da volta do Senhor (1.16–3.10);
> - Observações finais (3.11-18).

Acontecimentos mais importantes

- Pedro lembra aos seus leitores que ele pessoalmente testemunhou a transfiguração de Jesus, um evento que prevê a volta de Jesus em glória, que é um tema-chave desta carta;
- Pedro refere-se ao julgamento prévio de anjos de Deus (2.4), que talvez seja uma referência aos eventos mencionados em Gênesis 6.1-4;
- Segunda Pedro faz uma forte declaração sobre a inspiração divina das Escrituras (1.20-21);
- Pedro refere-se à dificuldade de entender alguns dos ensinamentos do apóstolo Paulo (3.16).

O final de 2Pedro e o começo de 1João no Códice Alexandrinus, um importante manuscrito primitivo do Novo Testamento.

Conexões

Segunda Pedro nos lembra de que o conhecimento é importante na vida cristã. Por exemplo, em poucos anos alguns grupos estabelecem uma data em que afirmam o retorno de Cristo. Aqueles que conhecem as Escrituras não serão enganados por tais previsões, porque Jesus claramente ensinou que tal especulação não é de nossa responsabilidade. Segunda Pedro, especificamente, explica que Cristo está atrasando seu retorno para que mais pessoas possam ser levadas à salvação. Os crentes devem olhar para o dia do Senhor e até mesmo acelerar sua vinda (3.12). Entretanto, o povo de Deus não deve ser levado por erros teológicos, mas deve viver uma vida piedosa, de modo a ser encontrado irrepreensível quando Cristo vier.

1João

A verdadeira fé e o comportamento cristão

Ensino central
As três marcas de um verdadeiro cristão são obediência a Deus, amor pelos crentes e uma perspectiva correta sobre Jesus.

Versículo para memorizar
> Mas, se confessamos nossos pecados, ele é fiel e justo para perdoar nossos pecados e nos purificar de toda injustiça.
> 1João 1.9

Cenário
Embora o autor nunca se identifique, a visão tradicional é que João, o apóstolo, autor do Quarto Evangelho, também seja o autor de 1, 2 e 3João. A tradição da igreja primitiva indica que o apóstolo mudou-se para Éfeso na parte final do primeiro século para servir às igrejas nessa região. João está escrevendo aos cristãos de Éfeso e arredores, perto do final do século 10 (70-90 d.C.). Essas igrejas foram ameaçadas por um falso ensino, que defendia o conhecimento, em vez da graça, como o caminho para Deus e sugeria que o corpo humano era mau (uma forma inicial de gnosticismo). Sua ênfase em uma *gnōsis* (termo grego para conhecimento) especial disponível apenas para iniciados levou à arrogância. Além disso, suas ideias sobre o corpo levaram alguns a tratarem o corpo duramente (ascetismo) e outros a satisfazerem seus desejos corporais (imoralidade). Por essa razão, alguns negaram a plena humanidade e a plena divindade de Jesus. Para complicar as coisas, aqueles que caíram nesse falso ensino afastaram-se da comunhão (1João 2.19), alegando que haviam chegado a um estado de perfeição sem pecado (1João 1.8, 10; 3.9-10).

Mensagem
Numa época em que o ensino tradicional sobre Jesus Cristo e a fé cristã estavam debaixo de grandes desafios, João ofereceu um prumo teológico para suas igrejas em dificuldades. Ele escreve para encorajar os fiéis, lembrando os cristãos verdadeiros sobre o que eles acreditam e como devem se comportar. A carta contém duas declarações de propósito: advertir os crentes sobre o falso ensino (2.26) e ajudá-los na compreensão de que eles têm a vida eterna (5.13).

João passou muitos anos ministrando em Éfeso. Esta tumba, dentro das ruínas da basílica de São João em Éfeso, é considerada seu cemitério.

João enfatiza repetidamente as marcas de um verdadeiro cristão e como essas marcas contrariam o falso ensino. Os crentes verdadeiros andarão em obediência em vez de imoralidade (1.5–2.6; 2.28–3.10; 5.16-21). Os verdadeiros crentes amarão uns aos outros em vez de se comportarem de maneira arrogante (2.7-17; 3.11-24; 4.7-21). E os verdadeiros crentes terão uma visão ortodoxa da completa humanidade e divindade de Jesus Cristo em vez de promoverem uma visão defeituosa (2.18-27; 4.1-6; 5.1-15).

Esboço
- Prólogo (1.1-4);
- Deus é luz – ande na luz (1.5–3.10);
- Deus é amor – ande em amor (3.11–5.12);
- Conclusão (5.13-21).

Acontecimentos mais importantes
- Dos doze apóstolos de Jesus, João provavelmente foi o que viveu mais tempo (até 98 d.C., de acordo com Irineu, líder da igreja primitiva);
- Existem muitos paralelos entre o Evangelho de João e 1João (por exemplo, vida eterna, luz, fé, Jesus como Filho de Deus, o Espírito Santo, verdade, permanência, novo mandamento de amor);

Éfeso era um centro comercial, religioso, judicial próspero e a cidade principal da Ásia Menor. Aqui o teatro de Éfeso pode ser visto surgindo atrás dos restos da Ágora, o centro comercial da cidade.

- O termo "anticristo" é usado somente quatro vezes na Bíblia, todas elas nas cartas de João (1João 2.18, 22; 4.3; 2João 7).

Conexões
A visão bíblica de que Jesus é plenamente Deus e plenamente homem rejeita qualquer ensinamento que nega sua deidade ou humanidade. Em nosso contexto pluralista contemporâneo, precisamos preservar nossa cristologia. João também deixa claro que a obediência a Deus é de extrema importância para o crente. Em vez de desculpar nossos pecados ou redefinir o pecado, devemos confessá-los sinceramente ao Senhor. Quando o fazemos, ele é fiel (disposto) e justo (capaz) para nos perdoar e nos purificar (1João 1.9). Finalmente, João destaca a importância do amor. Não podemos afirmar que amamos a Deus enquanto odiamos nossos irmãos. Amor e verdade são amigos, e não inimigos. Em nossa defesa da verdade, nunca devemos perder o amor, e em nossos esforços para amar, nunca devemos negligenciar a verdade.

2 e 3João

2João: ande em amor e verdade
3 João: imite o que é bom

Ensino central

Cristãos devem usar de discernimento com relação a missionários cristãos, amando aqueles que são genuinamente enviados por Deus.

Versículo para memorizar

> Eu não poderia ter maior alegria que saber que meus filhos têm seguido a verdade.
> 3João 1.4

Cenário

Em 2 e 3João, o autor se descreve como "o presbítero", uma designação que também se aplica ao apóstolo João, que serviu como um respeitado líder na igreja primitiva. As tradições da igreja indicam que João mudou-se para Éfeso na parte final do século 10 e serviu às igrejas nessa região. Ambas as cartas foram escritas provavelmente em Éfeso, aproximadamente no mesmo tempo que 1João.

Segunda João é dirigida "à senhora eleita e aos seus filhos", (1), que poderia ser uma mulher cristã e sua família, ou uma descrição figurativa de uma igreja local. Porque o pronome "você" em 2João 8, 10 e 12 está no plural, porque nenhum nome de família é mencionado em 2João 1 e 13 e porque a "mulher" é amada por todos os que conhecem a verdade (v. 1), parece que João está se dirigindo à uma igreja. Quanto a 3João, o contexto parece ser de uma disputa entre membros da igreja; um líder autoritário em uma das igrejas rejeitou os mestres itinerantes enviados pelo próprio João.

Mensagem

Em sua primeira carta, João apresenta três marcas do verdadeiro cristianismo: obediência a Deus, amor aos irmãos e uma visão correta a respeito de Jesus. Essas mesmas verdades são aplicadas sobre situações específicas em 2 e 3João. Segunda João pode ter sido destinada a uma congregação em particular. Todas as três marcas do verdadeiro crente são enfatizadas novamente em 2João, com especial atenção dada ao amor e à verdade. João lembra à igreja o mandamento do amor que lhes foi dado desde o início, e como o amor de uns pelos outros está também ligado à obediência a Deus. Ele insiste em que o amor e a verdade não são inimigos, mas sim amigos. João se alegra porque seus filhos espirituais estão andando na verdade mesmo quando tentados por falsos mestres, mas ele adverte essa congregação a não dar boas-vindas aos falsos mestres, nem dar-lhes uma plataforma para

Antiga fonte batismal bizantina na basílica de São João, em Éfeso.

154 O Novo Testamento livro por livro

Esta réplica de uma casa do primeiro século lembra como João gosta de comparar a comunidade cristã com uma família e de a importância de hospitalidade.

sua obra perversa. Ele instrui a igreja a usar discernimento em acolher e apoiar mestres itinerantes. Em sua última carta, João procura corrigir o problema das igrejas que rejeitam os mestres itinerantes enviados por ele mesmo. Ele exorta os crentes a imitar o que é bom em vez do que é mau e elogia Gaio, não apenas como um exemplo de fidelidade à verdade, mas também por mostrar hospitalidade aos mestres itinerantes que são confiáveis. Ele repreende Diótrefes por rejeitar sua liderança e não mostrar hospitalidade quando necessário.

Esboço
- *2João*
  - Abertura (1-3);
  - Amor (5-6);
  - Verdade (4, 7-11);
  - Encerramento (12-13).

- *3João*
  - Abertura (1);
  - Elogio a Gaio (2-8);
  - Repreensão a Diótrefes (9-11);
  - Elogio a Demétrio (12);
  - Encerramento (13-14).

Acontecimentos mais importantes
- Segunda João é o livro mais curto no Novo Testamento;
- Quando os primeiros cristãos viajavam, eles confiavam na hospitalidade de outros crentes para alojamento e refeição. Terceira João fala diretamente sobre a importância da prática da hospitalidade cristã.

Conexões

Juntas, 2 e 3João oferecem uma abordagem equilibrada para apoiar os ministérios cristãos. Segunda João nos ensina a usar discernimento e bom senso. Antes de investir em um ministério cristão específico, devemos investigar sua mensagem. Terceira João nos ensina a não permitir que nosso amor fique frio em relação a todos os ministérios só porque alguns deles são enganadores e ilusórios. Devemos ter coração capaz de discernir, para distinguir intenções verdadeiras das falsas, e coração amoroso para apoiar de maneira prática os envolvidos no ministério cristão genuíno.

Judas

Contender pela fé

Ensino central

Em resposta ao falso ensino, o povo de Deus deve ser apto a contender pela fé, que foi confiada de uma vez por todas aos santos.

Versículo para memorizar

Toda a glória seja àquele que é poderoso para guardá-los de cair e para levá-los, com grande alegria e sem defeito, à sua presença gloriosa. Toda a glória seja àquele que é o único Deus, nosso Salvador por meio de Jesus Cristo, nosso Senhor. Glória, majestade, poder e autoridade lhe pertencem desde antes de todos os tempos, agora e para sempre! Amém.
Judas 1.24-25

Cenário

A igreja primitiva lutou tanto contra ameaças externas (perseguição) quanto internas (ensino falso). Judas foi uma carta escrita em resposta ao falso ensino que estava ameaçando a igreja internamente (ver Jd 4, 7, 8, 10-12, 16, 17, 19 e 20). O autor se descreve como "servo de Jesus Cristo e irmão de Tiago" (v. 1). A tradição cristã identifica Judas como o meio-irmão de Jesus (Mateus 13.55, Marcos 6.3). Seu irmão escreveu a carta de Tiago, no Novo Testamento.

Segunda Pedro e Judas têm muito em comum, e uma pode ter emprestado conteúdo para a outra. A maioria dos estudiosos presume que Judas foi escrita antes (mas quase na mesma época) de 2Pedro, que foi composta pouco antes da morte de Pedro, em algum momento entre os anos 64 e 68 d.C. Judas provavelmente estava escrevendo para uma comunidade judaico-cristã, fora da Palestina, em um cenário gentio. Os falsos mestres eram provavelmente gentios, uma vez que defendiam um estilo de vida tão imoral.

Moedas de bronze representando Nero e comemorando suas conquistas militares e cívicas.

Mensagem

Judas adverte que pessoas ímpias se infiltraram na igreja, defendendo uma visão falsa a respeito de Jesus, deturpando a graça do Senhor em uma licença para viver sem Deus. Ele denuncia esses falsos mestres e adverte sobre o seu julgamento iminente, chamando-os de pastores egoístas, porque vivem vidas pervertidas, rejeitam a autoridade espiritual e estabelecem o caos dentro da igreja. São pessoas mundanas, que não têm o Espírito de Deus dentro delas.

Então, Judas ensina aos fiéis sobre como lutar pela verdadeira fé. Eles precisam crescer em seu conhecimento da verdade das Escrituras, orar no Espírito, viver no amor de Deus, permanecer esperançosos sobre o retorno de Cristo e servir a outras pessoas. Judas encerra poeticamente sua breve carta, com uma poderosa palavra de louvor a Deus, que é capaz de proteger seus filhos e trazê-los em sua gloriosa presença com grande alegria e livres de culpa.

Somente Deus, nosso Salvador, por meio de Jesus Cristo, nosso Senhor, merece toda a "glória, majestade, poder e autoridade", desde a eternidade passada até o presente, e até a eternidade futura (v. 25).

Esboço
- Saudação (1-2);
- Ocasião e propósito da carta (3-4);
- Resistindo aos falsos mestres (5-19);
- Contendendo pela fé (20-23);
- Doxologia (24-25).

Acontecimentos mais importantes
- Judas é uma das duas cartas no Novo Testamento em que se acredita ter sido escrita pelos meios-irmãos de Jesus (Tiago e Judas). Ele era o terceiro ou quarto filho nascido de José e Maria depois de Jesus (ver Mt 13.55; Mc 6.3);
- Judas cita literatura judaica extrabíblica duas vezes em sua breve carta: o *Testamento de Moisés* no versículo 9 e *1Enoque* nos versículos 14 e 15;
- Judas se refere a anjos várias vezes nesta curta epístola (6, 8, 9 e 14) e ainda nomeia Miguel, o arcanjo (um evento raro nas Escrituras).

Conexões
A perseguição assume várias formas para os cristãos: escárnio, difamação, ostracismo e discriminação econômica – para citar algumas. E, às vezes, a oposição ocorre dentro da igreja, vinda dos falsos mestres que se infiltram na congregação. Esse é o foco de Judas. Ele afirma que os falsos mestres precisam ser confrontados, como uma questão de defesa da fé cristã histórica. Nem todos os conflitos são insalubres. Na verdade, o conflito pode ser necessário quando outros estão sendo guiados para longe do verdadeiro evangelho. O próprio apóstolo Paulo confronta os falsos mestres em 2Coríntios.

Sinai.

Apocalipse

Uma visão transformadora

Uma moeda com a imagem do Imperador Domiciano.

Ensino central

O Apocalipse apresenta o capítulo final na divina história da salvação: Deus derrota o mal, inverte a maldição do pecado, restaura a criação e vive para sempre entre o seu povo.

Versículo para memorizar

Eles o derrotaram pelo sangue do Cordeiro e pelo testemunho deles. Não amaram a própria vida nem mesmo diante da morte. Apocalipse 12.11

Cenário

O autor de Apocalipse se identifica como João, o servo de Jesus Cristo (1.1, 4). Há algum debate sobre a identidade deste João, mas há evidências confiáveis para concluir que é o apóstolo João, que também escreveu o Evangelho que leva seu nome. Exilado na ilha de Patmos por proclamar a mensagem sobre Jesus (1.9), João recebe a revelação celestial, o que é o Apocalipse, sobre o dia do Senhor, ou dia de adoração. Seu público principal são as sete igrejas da Ásia Menor, mencionadas em Apocalipse 2 e 3.

Apocalipse foi escrito logo depois da morte de Nero (68-69 d.C.) ou perto do fim do reinado de Domiciano (95 d.C.). A maioria dos estudiosos é favorável à data posterior, quando a perseguição ameaçava se espalhar pelo Império Romano. O culto imperial (ou seja, a adoração ao imperador romano como deus) era uma força poderosa, porque unia elementos religiosos, políticos, sociais e econômicos em um único poder. A primeira e mais básica confissão cristã era "Jesus é o Senhor", e quando os cristãos seguiam Jesus em vez de César, eram considerados desleais ao estado e sujeitos à perseguição. Alguns cristãos, no entanto, optaram por comprometer sua fé em vez de permanecerem fiéis.

Mensagem

O livro de Apocalipse aborda uma situação em que o poder político pagão formou uma parceria com a falsa religião. Os que reivindicavam seguir Cristo enfrentavam uma crescente pressão para se conformar com essa parceria ímpia, em detri-

Restos do templo de Flávio Sebastião (imperadores da família flaviana) em Éfeso.

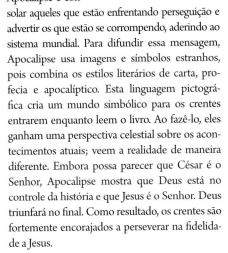

A "montanha de Megido" em Israel tornou-se um símbolo para a batalha final entre Deus e as forças do mal (ou seja, Armagedon em Ap 16.12-16).

mento da lealdade ao Senhor. O propósito geral de Apocalipse é consolar aqueles que estão enfrentando perseguição e advertir os que estão se corrompendo, aderindo ao sistema mundial. Para difundir essa mensagem, Apocalipse usa imagens e símbolos estranhos, pois combina os estilos literários de carta, profecia e apocalíptico. Esta linguagem pictográfica cria um mundo simbólico para os crentes entrarem enquanto leem o livro. Ao fazê-lo, eles ganham uma perspectiva celestial sobre os acontecimentos atuais; veem a realidade de maneira diferente. Embora possa parecer que César é o Senhor, Apocalipse mostra que Deus está no controle da história e que Jesus é o Senhor. Deus triunfará no final. Como resultado, os crentes são fortemente encorajados a perseverar na fidelidade a Jesus.

Esboço

- Introdução e mensagens para as sete igrejas (1.1–3.22);
- A visão do trono celestial (4.1–5.14);
- Os selos do julgamento e o primeiro interlúdio (6.1–8.1);
- As trombetas do julgamento e o segundo interlúdio (8.2–11.19);
- Terceiro interlúdio: o povo de Deus *versus* os poderes do mal (12.1–14.20);
- As taças do julgamento (15.1–16.21);
- A destruição da "Grande Babilônia" (17.1–19.5);
- A vitória final e a nova criação (19.6–22.5);
- Conclusão (22.6-21).

Acontecimentos mais importantes

- Apocalipse apresenta três diferentes tipos (gêneros) literários: carta, profecia e apocalíptico. Por essa razão, é um desafio interpretá-lo;
- O livro tem muito em comum com Ezequiel, Daniel e Zacarias, cada um destes contém elementos profético-apocalípticos similares;
- Apocalipse é o livro no Novo Testamento que mais faz alusões ao Antigo Testamento.

Conexões

Apocalipse nos lembra de que Deus é soberano e que Jesus é o Senhor. Não importa como as coisas estejam em nossa nação ou no mundo, Deus ainda está em seu trono. Nossa esperança é que Jesus volte para corrigir as coisas. No final, Deus vence! O livro também nos orienta a esperar oposição neste mundo. Mesmo agora, existem cristãos em todo o mundo sendo perseguidos. Sabemos que Deus nos protegerá espiritualmente, mas não estamos isentos da tribulação física (João 16.33). O Apocalipse nos adverte contra comprometer nossa fé, aderindo ao sistema do mundo, nos chamando a vencer ou perseverar na fidelidade a Jesus. Nossos sofrimentos presentes não são dignos de se comparar com o glorioso futuro que Deus tem reservado para seu povo na nova criação.

As parábolas de Jesus

Jesus era um mestre da comunicação, e uma das suas ferramentas favoritas em seu ofício era a parábola. Aproximadamente um terço do ensinamento de Cristo pode ser encontrado em parábolas. Mesmo as pessoas que não estão familiarizadas com a Bíblia, geralmente ouviram falar da parábola do filho pródigo ou da parábola do bom samaritano. Uma parábola (o termo significa algo como "lançado ao lado") é uma história curta com dois níveis de significado, em que certos detalhes da história representam algo mais. Na parábola do filho pródigo, por exemplo, o pai representa Deus. Na história do bom samaritano, o sacerdote e o levita representam líderes religiosos que usam seu status eclesiástico como desculpa para não amar os outros. Às vezes, é difícil saber quantos detalhes nessas histórias devem representar outras coisas.

As parábolas de Jesus normalmente apresentam mais de um ponto, mas não devem ser entendidas de uma maneira extremamente alegórica. Uma boa maneira de avaliar isso é que há um ponto principal para cada personagem ou conjunto de personagens. Todos os outros detalhes têm o objetivo de realçar a história. A parábola do filho pródigo, em Lucas 15.11-32, apresenta os seguintes pontos principais:

- Irmão mais novo → Os pecadores podem confessar seus pecados e voltar-se para Deus em arrependimento.
- Irmão mais velho → Aqueles que afirmam ser o povo de Deus não devem ter ressentimentos quando Deus estende sua graça aos que não merecem; antes, eles deveriam se alegrar.
- Pai perdoador → Deus perdoa pessoas que não merecem perdão.

A seguir, as parábolas de Jesus são divididas em parábolas de um ponto, dois pontos e três pontos.

Parábolas de um ponto
- Grão de mostarda (Mateus 13.31-32; Marcos 4.30-32; Lucas 13.18-19);
- Fermento (Mateus 13.33; Lucas 13.20-21);
- Tesouro escondido (Mateus 13.44);
- Pérola de grande valor (Mateus 13.45-46);
- Construtor de torre (Lucas 14.28-30);
- Rei guerreiro (Lucas 14.31-33).

Parábolas de dois pontos
- Sementes crescendo secretamente (Marcos 4.26-29);
- Construtor sábio e tolo (Mateus 7.24-27; Lucas 6.47-49);
- O dono da casa e o ladrão (Mateus 24.42-44; Lucas 12.35-40);
- Amigo à meia-noite (Lucas 11.5-8);

---

1. Para esta diretriz interpretativa, veja a obra-referência sobre as parábolas de Jesus escrita por Craig L. Blomberg, Interpreting the Parables (Interpretando as Parábolas) (Downers Grove, IL: Inter-Varsity, 1990).

- Rico tolo (Lucas 12.16-21);
- Figueira estéril (Lucas 13.6-9);
- Lugar menos importante na festa (Lucas 14.7-11);
- Servo inútil (Lucas 17.7-10);
- Juiz injusto (Lucas 18.1-8).

Parábolas de três pontos

- Crianças no mercado (Mateus 11.16-19; Lucas 7.31-35);
- O semeador e a semente (Mateus 13.1-9, 18-23, Marcos 4.1-9; 13-20; Lucas 8.5-8, 11-15);
- O trigo e o joio (Mateus 13.24-30, 36-43);
- Rede de pesca (Mateus 13.47-50);
- Servo implacável (Mateus 18.23-35);
- Trabalhadores na vinha (Mateus 20.1-16);
- Dois filhos (Mateus 21.28-32);
- Inquilinos ímpios (Mateus 21.33-46; Marcos 12.1-12; Lucas 20.9-18);
- Banquete de casamento (Mateus 22.1-14);
- Servos fiéis e infiéis (Mateus 24.45-51; Lucas 12.42-48);
- Dez virgens (Mateus 25.1-13);
- Talentos (Mateus 25.14-30; Lucas 19.12-27);
- Ovelhas e bodes (Mateus 25.31-46);
- Dois devedores (Lucas 7.41-43);
- Bom samaritano (Lucas 10.25-37);
- Grande banquete (Lucas 14.15-24);
- Ovelha perdida e moeda perdida (Lucas 15.4-10);
- Filho perdido (filho pródigo) (Lucas 15.11-32);
- Sacerdote injusto (Lucas 16.1-13);
- Homem rico e Lázaro (Lucas 16.19-31);
- O fariseu e o cobrador de impostos (Lucas 18.9-14).

Por meio de suas parábolas, Jesus explica a verdadeira natureza do Reino de Deus. Muitas vezes, ele começa uma história com as palavras: "O Reino de Deus é como..." (Por exemplo: Mt 13.44-45, 47; Mc 4.26; Lc 13.18). O Reino de Deus é o tema central das parábolas de Jesus. Por intermédio dessas poderosas histórias, aprendemos sobre quem é Deus, o que significa viver como um membro de sua comunidade do reino e o que acontece se você escolhe rejeitar o Rei.

As parábolas de Jesus concedem algumas das mais fascinantes e atraentes leituras em toda a Bíblia. Ele usa elementos da vida comum – relações familiares, práticas de negócios, casamentos, festas, agricultura, política – para nos ensinar sobre Deus e seu reino, e como a vida deve acontecer nesse reino. Essas histórias não são incidentais aos verdadeiros ensinamentos de Jesus. De muitas maneiras, as parábolas representam o núcleo de seus ensinamentos. Como o próprio Jesus disse, quem tem ouvidos para ouvir é melhor ouvir.

Os milagres de Jesus

Os milagres de Jesus estão intimamente ligados ao seu ensinamento sobre o Reino de Deus, pois demonstram que ele é de fato o Messias e que o poderoso poder de Deus está operando por meio dele. Esses feitos poderosos fornecem vislumbres de como a vida se desenrola quando Deus reina sobre tudo.

Os Evangelhos registram cerca de trinta e cinco milagres de Jesus, que se dividem em quatro categorias diferentes: curas, ressurreições, exorcismos e milagres da natureza.

Os milagres de cura mostram claramente o Reino de Deus entrando neste mundo. Em Mateus 11, João Batista (que está na prisão) envia discípulos para perguntar a Jesus se ele é "aquele que haveria de vir" (Messias). Jesus responde dizendo: "Voltem e anunciem a João o que vocês estão ouvindo e vendo: os cegos veem, os aleijados andam, os leprosos são purificados, os surdos ouvem, os mortos são ressuscitados e as boas-novas são pregadas aos pobres". (Mateus 11.4-5). Em outras palavras, os milagres de cura são evidências de que o Reino chegou.

Milagres de cura

Homem com lepra	Mateus 8.1-4; Marcos 1.40-45; Lucas 5.12-15.
O servo do centurião	Mateus 8.5-13; Lucas 7.1-10.
Cura da sogra de Pedro	Mateus 8.14-17; Marcos 1.29-31; Lucas 4.38-39.
Homem paralítico	Mateus 9.1-8; Marcos 2.1-12; Lucas 5.17-26.
Mulher com fluxo de sangue	Mateus 9.20-22; Marcos 5.25-29; Lucas 8.43-48.
Dois homens cegos	Mateus 9.27-31.
Homem com mão atrofiada	Mateus 12.9-14; Marcos 3.1-6; Lucas 6.6-11.
O cego Bartimeu	Mateus 20.29-34; Marcos 10.46-52; Lucas 18.35-43.
Homem surdo e mudo	Marcos 7.31-37.
Homem cego	Marcos 8.22-26.
Mulher paralisada por 18 anos	Lucas 13.10-17.
Homem com hidropisia	Lucas 14.1-6.
Dez homens com lepra	Lucas 17.11-19.
Servo do sumo sacerdote	Lucas 22.49-51; João 18.10-11.

Filho do oficial real em Caná	João 4.46-54.
Paralítico em Betesda	João 5.1-18.
Homem nascido cego	João 9.1-41.

Em três ocasiões, Jesus reanima pessoas dentre os mortos. Ele ressuscita ou revive a pessoa para a vida mortal normal, eventualmente para morrer de novo. A ressurreição ocorre no final da presente era, quando os cristãos recebem novo corpo (Ver 1Co 15). A mensagem é a mesma dos milagres de cura, apenas com um tom mais dramático – o Reino de Deus é um reino de vida! Um dia, a morte será derrotada e completamente eliminada da nova criação de Deus.

Milagres de ressurreição

A filha de Jairo	Mateus 9.18-26; Marcos 5.22-24, 35-43; Lucas 8.41-42, 49-56.
Filho da viúva em Naim	Lucas 7.11-16.
Lázaro	João 11.1-45.

Ao expulsar demônios, Jesus lança um ataque frontal e total ao reino de Satanás pelo poder do Reino de Deus. Em um exorcismo, Jesus ataca Satanás e retoma uma preciosa vida que foi mantida em cativeiro e torturada pelo inimigo. Esses cativos libertos tornam-se seres humanos novamente.

Milagres do exorcismo

Homem possuído na sinagoga	Marcos 1.23-27; Lucas 4.33-36.
Gadareno endemoninhado	Mateus 8.28-34; Marcos 5.1-20; Lucas 8.26-39.
Filha da mulher cananeia	Mateus 15.21-28; Marcos 7.24-30.

Menino possuído por um demônio	Mateus 17.14-20; Marcos 9.14-29; Lucas 9.37-43.
Um homem cego, mudo e possuído	Mateus 12.22; Lucas 11.14.
Um homem mudo e possuído	Mateus 9.32-34.

Os milagres na natureza carregam uma grande quantidade de significação simbólica. Por exemplo, a alimentação das multidões ensina que Deus fornece o que precisamos para a vida (isto é, Jesus como o pão da vida). Transformar a água em vinho simboliza como o "vinho novo" do Reino está substituindo a "água" do judaísmo legalista. A maldição da figueira mostra o que Deus fará com Israel se falhar em responder a Jesus e ao Reino que ele inaugura. Os milagres da natureza também mostram que Deus está renovando toda a ordem criada.

Milagres da natureza

Acalmando a tempestade	Mateus 8.23-27; Marcos 4.35-41; Lucas 8.22-25.
Alimentação de cinco mil	Mateus 14.15-21; Marcos 6.35-44; Lucas 9.12-17; João 6.5-15.
Caminhando sobre a água	Mateus 14.22-33; Marcos 6.45-52; João 6.16-21.
Alimentação de quatro mil	Mateus 15.32-39; Marcos 8.1-9.
Moeda na boca do peixe	Mateus 17.24-27.
Morte da figueira	Mateus 21.18-22; Marcos 11.12-14, 20-25.
Primeira pesca abundante	Lucas 5.1-11.
Transformando água em vinho	João 2.1-11.
Segunda pesca abundante	João 21.1-14.

No início deste livro, falamos sobre viver a história. Uma maneira de viver a história é ter um novo olhar sobre os milagres de Jesus. Porém, nunca devemos exigir que Deus realize um milagre para que possamos crer nele. A fé, às vezes, se destaca como a razão pela qual Jesus faz um milagre (embora nem sempre), mas os muitos milagres de Jesus nem sempre produzem fé naqueles que testemunharam (por exemplo, até mesmo a ressurreição de Lázaro, em João 11, produziu resultados mistos). Exigir milagres de Deus é ser vítima de uma das tentações que Jesus enfrentou no deserto – colocar Deus à prova, em vez de confiar nele. Dito isto, muitos de nós lutamos com um problema oposto. Tendo sido indevidamente influenciados pela cosmovisão naturalista, contendemos para nos abrir à atividade sobrenatural de Deus em nossa vida e em nossas igrejas. Será que nos afastamos do mistério que envolve os milagres para as raias confortáveis do materialismo e do racionalismo? Jesus deve ser o nosso foco, não os milagres. Mas o Espírito de Jesus continua a fazer milagres hoje, e devemos estar abertos a eles. Acima de tudo, os milagres de Jesus devem ser fonte de encorajamento, como lembranças visíveis do modo como as coisas devem ser e, um dia, serão, quando o Reino de Deus vier em toda a sua plenitude.

Dicionário de pessoas no Antigo Testamento

Arão O irmão mais velho e companheiro próximo de Moisés, foi nomeado por Deus para ser o primeiro sumo sacerdote de Israel. Veja Êxodo e Deuteronômio.

Abigail Mulher sábia e perspicaz, foi originalmente a esposa de Nabal, um homem tolo, mas rico, a quem Deus matou por desonrar Davi. Ela se tornou a esposa de Davi após a morte de Nabal. Ver 1Samuel 25.

Abimeleque Significa "meu pai é rei". Cinco pessoas no Velho Testamento têm este nome: (1) o rei de Gerar, que foi enganado por Abraão em relação a Sara, a esposa de Abraão (ver Gênesis 20.1-18; 21.22-24); (2) descendente do rei de Gerar (ver Gênesis 26.1-35); (3) o governante que sucedeu ao seu pai Gideão, por assassinar seus setenta irmãos (ver Juízes 9); (4) o sacerdote no período de Davi (ver 1 Crônicas 18.16); e (5) uma referência genérica ao rei dos filisteus, Aquis (veja a atribuição do Salmo 34 e 1Samuel 21.10-15).

Abrão/Abraão Chamado por Deus para ser o pai/fundador da nação israelita e o beneficiário de uma aliança central com Deus. Veja Gênesis 12-25.

Absalão Terceiro filho do rei Davi. Ele tentou derrubar seu pai e foi morto pelo comandante de Davi, Joabe. Veja 2Samuel 13-19.

Adão A primeira pessoa que foi criada. Veja Gênesis 1-5.

Acabe Um rei mau de Israel (871-852 a.C.), adversário do profeta Elias. Veja 1Reis 16-22.

Ageu Profeta literário em Judá, depois do exílio (520 a.C.), que exortou os exilados que retornaram a reconstruir o templo. Veja o livro de Ageu.

Amós Primeiro dos profetas que escreveu um livro. No século 8 a.C., ele pregou juízo contra Israel por idolatria e injustiças. Veja o livro de Amós.

Asafe Sacerdote e músico que liderou a adoração na época do rei Davi. Ver 1Crônicas 15-16; 25; 2Crônicas 5.11-14; e os Salmos 50; 73-83.

Bate-Seba Mulher bonita com quem o rei Davi teve um caso escandaloso. Ela, mais tarde, casou-se com Davi e se tornou a mãe de Salomão. Veja 2Samuel 11-12 e 1Reis 1.

Benjamim Filho mais novo de Jacó e Raquel. O pai da tribo de Benjamim. Veja Gênesis 35.24; 42.1-16; Êxodo 1.3.

Boaz Antepassado de Davi. Proprietário rico

de Belém, que se casou com Rute, a moabita. Veja Rute 2-4.

Calebe Um dos dois (de doze) espiões que confiaram em Deus, exortando os israelitas a conquistar a Terra Prometida de Canaã. Ele, mais tarde, desempenhou um papel importante na conquista da terra. Veja Números 13-14 e Josué 14-15.

Ciro Rei da Pérsia (559-530 a.C.), que conquistou a Babilônia em 539 e decretou que os israelitas exilados na Babilônia poderiam retornar ao seu país de origem. Veja 2Crônicas 36.22-23; Esdras 1-6; Isaías 44.28–45.3.

Dario I Rei da Pérsia (521-486 a.C.) durante o tempo em que os exilados que retornaram reconstruíram o templo. Veja Esdras 4-6; Ageu; e Zacarias 1-8.

Dario, o medo Provavelmente outro nome para Gubaru, um general sob o rei Ciro, que tomou a Babilônia e a comandou como governador, delegado por Ciro. Veja Daniel 5.30-6.28.

Davi Segundo rei de Israel (1010-970 a.C.). Ele estabeleceu Jerusalém como a capital e centro da adoração de Israel. Muitos dos salmos são atribuídos a ele. Deus prometeu que um de seus descendentes seria o rei messiânico. Veja 1Samuel 16, 2Samuel 24; 1Reis 1-2; e 1Crônicas 10-29.

Débora Uma das fortes governantes (juízes) de Israel, que liderou a nação à vitória sobre os cananeus. Ver Juízes 4-5.

Eúde Um dos governantes (juízes) de Israel. Ele libertou os israelitas do domínio moabita ao assassinar o rei moabita. Ver Juízes 3.12-30.

Elias Um poderoso e verdadeiro profeta de Deus no século 9 a.C. Ele se opôs aos governantes ímpios Acabe e Jezabel, derrotando e matando muitos dos profetas de Baal no monte Carmelo. Ver 1Reis 17; 2Reis 2.

Eliseu Verdadeiro profeta e sucessor de Elias. Ele se opôs à adoração do deus falso Baal e demonstrou o poder de Deus por meio de numerosos milagres. Veja 1Reis 19 e 2Reis 2-13.

Efraim Segundo filho de José e pai da tribo de Efraim, uma das maiores e mais influentes das dez tribos do norte de Israel. Veja Gênesis 41.52; 48.1-20; e Oseias 4-14.

Ester Bela mulher judia que viveu no exílio na Pérsia e, tornando-se rainha, usou sua influência para impedir que os judeus fossem destruídos. Veja o livro de Ester.

Eva A primeira mulher que foi criada. Seu nome significa "aquela que vive" ou "doadora da vida". Veja Gênesis 2-4.

Ezequias Rei de Judá (727-698 a.C.) e contemporâneo do profeta Isaías. Ele tentou trazer Judá de volta a uma verdadeira adoração a Deus. Veja 2Reis 18-20; 2Crônicas 29-32; e Isaías 36-39.

Ezequiel Sacerdote levado para o exílio pela Babilônia em 598 a.C. Ele profetizou aos exilados sobre a desobediência, a soberania e a presença de Deus e o novo templo. Veja o livro de Ezequiel.

Esdras Sacerdote e escriba durante o período pós-exílio. Em 458 a.C., ele retornou a Judá e trabalhou para restabelecer a adoração adequada a Deus entre os judeus que haviam retornado do exílio. Veja Esdras 7-10 e Neemias 8.1-18; 12.36.

Gideão Líder israelita (juiz) que, milagrosamente, libertou os israelitas dos midianitas. Veja Juízes 6.1–8.35.

Habacuque Profeta literário que atuou em Judá no final do século 7 a.C.. Veja o livro de Habacuque.

Isaque Patriarca de Israel, filho de Abraão, marido de Rebeca e pai de Jacó. Veja Gênesis 17.19-21; 21.1–28.15; e 35.27-29.

Isaías Profeta literário que atuou no final do século 8 a.C., em Jerusalém, durante os reinados de Jotão, Acaz e Ezequias. Ele pregou o julgamento pela idolatria e injustiça, mas também a restauração messiânica. Veja 2Reis 19-20; 2Crônicas 26.22; 32.20, 32; e o livro de Isaías.

Jacó Filho de Isaque, irmão de Esaú, marido de Lea e de Raquel e pai de doze filhos. Deus o deu o nome de "Israel", e seus filhos se tornaram tribos de Israel. Veja Gênesis 25; 27-35; 37; e 46-49.

Jefté Líder (juiz) de Israel que sacrificou sua filha por causa de um voto imprudente e tolo. Veja Juízes 11.1–12.7.

Jeremias Maior profeta literário em Jerusalém (626-586 a.C.). Ele advertiu Judá da invasão babilônica que se aproximava, experimentou perseguição pessoal, escreveu numerosos lamentos e profetizou a respeito da nova aliança. Veja 2Crônicas 35.25; 36: 12-22; Esdras 1.1; o livro de Jeremias; e Daniel 9.2.

Jezabel Sidoniana (cananeia), rainha adoradora de Baal e esposa do rei Acabe, de Israel. Ela perseguiu o profeta Elias. Veja 1Reis 16.29-33; 18.4-21.26; e 2Reis 9.

Jó Um homem rico de Uz (Edom) que desafiou a justiça de Deus quando experimentou a tragédia. Mais tarde, ele foi restaurado por Deus. Veja o livro de Jó.

Joel Profeta literário conhecido por visões de gafanhoto (julgamento) e a promessa do Espírito Santo vindo sobre todo o povo de Deus. Veja o livro de Joel.

Jonas Profeta relutante engolido por um peixe enorme por desobedecer a Deus. Ele, mais tarde, pregou ao povo de Nínive, que ouviu e se arrependeu. Veja 2Reis 14.25 e o livro de Jonas.

Jônatas Filho mais velho do rei Saul e amigo íntimo de Davi. Veja 1Samuel 13-14; 18-20; e 2Samuel 1.

Josué Auxiliar e sucessor de Moisés. Ele levou os israelitas para a Terra Prometida de Canaã. Veja Êxodo 17; Números 11.28; 13.16; 14.6-38; e o livro de Josué.

Josias Rei de Judá (640-609 a.C), que tentou (sem sucesso) desviar o povo da idolatria e voltar à adoração fiel a Deus. Veja 2Reis 22-23; 2Crônicas 34-35; e Jeremias 1.2-3.

Levi Filho de Jacó e fundador da tribo de Levi, a tribo que Deus escolheu para servir como sacerdotes. Veja Gênesis 29.34; 34.25-30; Êxodo 32.26-28; e Números 1.47-53.

Ló sobrinho e companheiro de Abraão. Separou-se do tio para viver na cidade de Sodoma e foi, mais tarde, resgatado por anjos. Veja Gênesis 11.27–14.16 e 18.16–19.38.

Malaquias O último dos profetas literários (cerca de 430 a.C.), conhecido por profetizar o retorno de Elias (profecia que foi cumprida em João Batista). Veja o livro de Malaquias.

Miqueias Pode referir-se a (1) um levita desobediente que se tornou um sacerdote de Dã e adorou ídolos; (ver Juízes 17-18) ou (2) um profeta literário israelita do final do século 8 a.C. que pregava arrependimento, julgamento e restauração (veja Jeremias 26.18 e o livro de Miqueias).

Miriam Irmã de Moisés e Arão. Ela protegeu Moisés e ajudou a levar os israelitas para fora do Egito. Veja Êxodo 2.4-10; 15.20-21; Números 12.1-15; e Miqueias 6.4.

Moisés Escolhido por Deus para liderar os israelitas na saída do Egito e na relação de aliança com Deus no monte Sinai. Veja Êxodo – Deuteronômio.

Naamã General sírio curado de lepra, seguindo as instruções do profeta Eliseu. Veja 2Reis 5.

Neemias Administrador hebreu na corte persa que retornou a Jerusalém em 445 a.C. para ajudar os habitantes a reconstruírem as muralhas e a nação. Veja o livro de Neemias.

Obadias Significa "servo do Senhor" e refere-se a treze pessoas diferentes no Antigo Testamento. Dois dos mais famosos destes são (1) o profeta literário que pregou o julgamento em Edom (veja o livro de Obadias) e (2) o administrador do palácio do rei Acabe, que secretamente ocultou das vistas da rainha Jezabel cem verdadeiros profetas durante o tempo de Elias (veja 1Reis 18).

Oseias Profeta literário (cerca de 760-720 a.C.) que, na direção de Deus, se casou com uma prostituta para ilustrar o relacionamento de Deus com Israel. Veja o livro de Oseias.

Rebeca Uma das matriarcas, esposa de Isaque e mãe de Jacó e Esaú. Veja Gênesis 24-28.

Rute Moabita, que seguiu fielmente a sogra até Israel, conheceu e casou-se com Boaz e tornou-se antepassada de Davi. Veja o livro de Rute.

Sansão Líder egocêntrico (juiz) de Israel, que usou grande força para combater os filisteus. Veja Juízes 13-16.

Samuel Juiz, sacerdote e profeta que supervisionou a transição do tempo dos juízes para a monarquia. Ele ungiu o rei Saul e, depois, o rei Davi. Veja 1Samuel 1-19; 25.1; e 28.3-25.

Sarai / Sara Uma das matriarcas, esposa de Abraão e mãe de Isaque. Veja Gênesis 11.29–13.1; 16.1–21.12; e 23.1-19.

Saul Primeiro rei de Israel. Ele desperdiçou as oportunidades de seu reinado por meio da desobediência a Deus e foi substituído por Davi. Veja 1Samuel 9-31 e 1Crônicas 10.

Salomão Filho de Davi e Bate-Seba, opulento rei de Israel (971-931 a.C.). Ele construiu um belo templo para Deus, mas se envolveu com idolatria e trabalho forçado. Veja 1Reis 1-11; 1Crônicas 22; 29; e 2Crônicas 1-9.

Sofonias Refere-se a quatro pessoas no Antigo Testamento. O mais notório Sofonias era um profeta literário na época do rei Josias (640-609 a.C.). Veja o livro de Sofonias.

Zacarias Significa "o Senhor se lembra" e refere-se a vinte e seis pessoas diferentes no Antigo Testamento. O Zacarias mais notório era um profeta literário pós-exílio (520-518 a.C.), que incentivou os exilados que retornaram a reconstruir o templo e esperar a vinda do Messias. Veja o livro de Zacarias.

Zorobabel Líder judeu e nomeado pela égide persa como governador de Judá (538-515 a.C.), que ajudou a levar os exilados judeus de volta a Jerusalém para restabelecer a nação. Veja Esdras 2-5; Neemias 12; Ageu 1-2; e Zacarias 4.

Dicionário de pessoas do Novo Testamento

Ana Uma profetisa judia idosa, que adorava diariamente no templo de Jerusalém e estava presente na dedicação do bebê Jesus. Veja Lucas 2.36-38.

André Um dos doze apóstolos de Jesus e irmão de Simão Pedro. Veja Mateus 4.18; 10.2; Marcos 1.16, 29; João 1. 40-44; 12.22; e Atos 1.13.

Apolo Um cristão judeu alexandrino, com profundo conhecimento do Antigo Testamento e poderosas habilidades retóricas. Foi instruído na fé cristã por Priscila e Áquila e ministrou ao lado de Paulo em Corinto. Veja Atos 18.18–19.1; 1Coríntios 1.12; 3.4-22; 4.6; 16.12; e Tito 3.13.

Áquila Um artesão de couro, judeu-cristão de Ponto, marido de Priscila e colega de trabalho de Paulo em cidades como Corinto, Éfeso e Roma. Veja Atos 18; Romanos 16.3; 1Coríntios 16.19; e 2Timóteo 4.19.

Barnabé (também chamado José, o levita) Companheiro missionário de Paulo e primo de João Marcos. Seu nome (em aramaico) significa "filho do encorajamento", e ele era conhecido por seu coração compassivo e compromissado com a reconciliação. Veja Atos 4.36; 9.27; 11.22–15.39; 1Coríntios 9.6; Gálatas 2; e Colossenses 4.10.

Caifás O sumo sacerdote (18-36 d.C.) e genro de Anás, o ex-sumo sacerdote. Ele é mais conhecido por interrogar Jesus e entregá-lo a Pilatos. Veja Mateus 26.3, 57; Lucas 3.2; João 11.49; 18.13-28; e Atos 4.6.

César Augusto Título dado ao imperador romano Otávio (31 a.C. –14 d.C.), que governava o Império Romano quando Jesus nasceu. Veja Lucas 2.1.

Cornélio Um centurião romano que morava na Cesareia Marítima. Um homem temente a Deus, que recebeu uma visão do Senhor para trazer Pedro a Cesareia para pregar as boas-novas. Veja Atos 10.

Estêvão Escolhido pela igreja de Jerusalém como um dos sete homens encarregados de distribuir comida às viúvas. Este homem "cheio de fé e do Espírito Santo" (Atos 6.5) tornou-se o primeiro mártir cristão conhecido, sendo apedrejado até a morte pelo Sinédrio judaico. Veja Atos 6-8.

Félix O governador romano da Judeia quando Paulo foi preso em Jerusalém. Ele ouviu o caso de Paulo em Cesareia, mas por causa de sua ganância e desejo de agradar aos judeus, deixou Paulo na prisão mais dois anos, até que Festo assumiu. Veja Atos 23-25.

Festo O governador da Judeia (59-62 d.C.) que sucedeu Félix. Quando ouviu o caso de Paulo, e este apelou a César, ele atendeu ao seu pedido. Veja Atos 25-26.

Filemom O líder de uma igreja doméstica em Colossos, que recebeu uma carta de Paulo pedindo que ele acolhesse de volta, sem punição, seu escravo que havia fugido, chamado Onésimo. Veja Filemom.

Filipe, o apóstolo Um dos doze apóstolos de Jesus. Ele era de Betsaida (como André e Pedro), e apresentou Natanael a Jesus. Veja Mateus 10.3; Marcos 3.18; Lucas 6.14; e João 1.43-51; 6.1-15; 12.20-36; 14.5-14.

Filipe, o evangelista Escolhido pela igreja de Jerusalém como um dos sete homens encarregados de distribuir comida às suas viúvas. Tornou-se um ousado evangelista para a cidade de Samaria, cidades vizinhas e até mesmo para um eunuco etíope. Veja Atos 8.

Herodes Agripa I Neto de Herodes, o Grande, conhecido por perseguir a igreja primitiva (aprisionou Pedro e matou Tiago, o irmão de João). Lucas atribui sua morte súbita ao julgamento de Deus. Veja Atos 12.

Herodes Antipas Um dos filhos de Herodes, o Grande. Ele governou como um tetrarca da Galileia e Pereia, aprisionou e ordenou a decapitação de João Batista e interrogou Jesus antes de crucificá-lo. Veja Mateus 14 e Lucas 3.23.

Herodes, o Grande Conhecido como o rei Herodes, ele governou a Palestina (37-4 a.C.) e era conhecido por ser um político habilidoso e construtor ambicioso (expandiu o templo de Jerusalém). Ele ordenou que os bebês do sexo masculino de Belém fossem mortos na época do nascimento de Jesus. Veja Mateus 2.

João Batista Um profeta judeu, filho de Zacarias e Isabel, que preparou o caminho para Jesus, o Messias, pregando o arrependimento e realizando batismos. João foi preso e morto por Herodes Antipas. Veja Mateus 3; 11.1-18; 14. 1-12; Marcos 1.1-15; 6.14-29; Lucas 1; 3.1-20; 7.18-35; 9.1-20; e João 1; 3.22-36; 10.40-41.

João, o apóstolo O filho de Zebedeu, irmão mais novo de Tiago e (juntamente com Pedro e Tiago) parte do círculo íntimo de discípulos de Jesus (ele também era conhecido como o discípulo "a quem Jesus amava" [João 13.23]). Provavelmente escreveu o Evangelho de João e, possivelmente, 1-3 João e Apocalipse. Veja Mateus – Atos.

José Um descendente do rei Davi e esposo de Maria, a mãe de Jesus. Serviu como pai para Jesus e provavelmente morreu antes do ministério terreno de Jesus começar. Veja Mateus 1-2 e Lucas 1-2.

José de Arimateia Um membro do Sinédrio judaico e seguidor secreto de Jesus. Ele pediu a Pilatos o corpo de Jesus e o sepultou em seu próprio túmulo. Veja João 19.38.

Judas Um dos doze apóstolos escolhidos por Jesus. Mais tarde, Judas traiu Jesus. Veja Mateus 10.4; 26.14-16, 20-30, 47-50; 27.3-5; Marcos 3.19; 14.10-11, 18-21, 43-46; Lucas 6.16; 22.3-6, 21-23, 47-48; João 6.71; 12.4-6; 13.2, 18-30; 18.2-5; e Atos 1.16-18.

Judas (meio-irmão de Jesus) Irmão mais novo de Tiago e autor da Carta de Judas. Veja Mateus 13; Marcos 6; e Judas.

Lázaro O irmão de Maria e Marta de Betânia. Notoriamente ressuscitado dos mortos por Jesus. Veja João 11-12.

Lucas Médico gentio, companheiro missionário de Paulo e autor de Lucas-Atos (mais de um quarto do Novo Testamento). Ele era um cuidadoso historiador e teólogo, bem como um colaborador fiel. Veja Colossenses 4.14; 2Timóteo 4.11; e Filemom 1.24.

Marcos, João Cristão judeu de Jerusalém, primo de Barnabé, e provável autor do Evangelho de Marcos (seguindo os ensinamentos de Pedro). Ele abandonou a equipe missionária de Paulo em sua primeira jornada, porém, mais tarde, reconciliou-se com o apóstolo. Veja Atos 12.12-25; 15.37-39; Colossenses 4.10; 2Timóteo 4.11; e 1Pedro 5.13.

Maria, amiga de Jesus Irmã de Marta e Lázaro de Betânia. Jesus a elogia por escutá-lo e por ungir seu corpo para o enterro com perfume caro. Veja Lucas 10.38-42 e João 11.1–12.11.

Maria, mãe de Jesus Jovem da Galileia que, ainda virgem, ficou grávida do Espírito Santo. Ela deu à luz a Jesus e foi conhecida por sua humilde obediência ao chamado único de Deus em sua vida. Quando estava na cruz, Jesus confia Maria aos cuidados de João. Veja Mateus 1; Lucas 1-2; e João 2.1-12; 19.25-27.

Maria Madalena Seguidora fiel de Jesus, que a curou de maus espíritos e doenças. Ela foi a primeira a testemunhar o túmulo vazio e Jesus ressuscitado. Veja Lucas 8.1 e João 20.1-18.

Marta Irmã de Maria e Lázaro de Betânia. Mais conhecida por sua preocupação em servir seus convidados enquanto sua irmã Maria ouvia Jesus (ver Lucas 10.38-42). Ela, corajosamente, confessou Jesus como "o Cristo, o Filho de Deus" (João 11.27).

Mateus (Levi) Um dos doze apóstolos e o autor tradicional do Evangelho de Mateus. Antes de seguir Jesus, Mateus trabalhou como coletor de impostos para Herodes Antipas. Marcos e Lucas se referem a ele como Levi. Ver Mateus 9.9-13; Marcos 2.14; e Lucas 5.27.

Natanael Discípulo de Jesus (provavelmente também conhecido como Bartolomeu) cujo ceticismo inicial se transformou em fé depois que Jesus o chamou. Ele foi um dos primeiros a ver o Cristo ressuscitado. Veja João 1.45-49; 21.2.

Nicodemos Fariseu e membro do Sinédrio Judaico, que veio à noite para uma discussão com Jesus sobre o significado do novo nascimento. Após a morte de Jesus, ele ajudou José de Arimateia a enterrar Jesus. Veja João 3.1-21; 19.39.

Paulo Um cristão judeu (anteriormente um fariseu e aluno de Gamaliel) que foi dramaticamente convertido e comissionado por Jesus para pregar o evangelho aos gentios.

Ele participou de várias viagens missionárias, trabalhou com muitos outros crentes e escreveu muitas cartas do Novo Testamento. Também conhecido como Saulo. Veja Atos 13-28; Romanos – Filemom; e 2Pedro 3.15.

Pedro (também Simão Pedro ou Cefas) Irmão de André, membro do círculo íntimo de Jesus e o principal porta-voz dos discípulos. Ele confessou Jesus como o Cristo, porém, mais tarde, o negou três vezes. Ele passou a pregar Cristo poderosamente no Pentecostes, além de escrever as cartas de 1 e 2Pedro. A tradição afirma que Pedro foi martirizado por Nero, perto de 64 d.C. Veja Mateus – Atos ; Gálatas 1.18–2.14; e 1 e 2Pedro.

Pilatos, Pôncio Governador romano da Judeia, que presidiu o julgamento de Jesus e autorizou sua crucificação sob pressão dos líderes judeus. Veja Mateus 27; Marcos 15; Lucas 23; e João 18.28–19.42.

Priscila (ou Prisca) Esposa de Áquila e colaboradora do apóstolo Paulo. Ela é muitas vezes mencionada, primeiramente quando o casal é mencionado, provavelmente destacando seu status social ou proeminência na comunidade cristã. Veja Atos 18; Romanos 16.3; 1Coríntios 16.19; e 2Timóteo 4.19.

Silas Judeu cristão que serviu como um líder da igreja de Jerusalém. Ele levou a carta relacionada ao Concílio de Jerusalém para Antioquia e serviu como um colega de trabalho missionário de Paulo. Ele também desempenhou um importante papel ao escrever várias cartas do Novo Testamento. Veja Atos 15-18; 2Coríntios 1.19; 1Tessalonicenses 1.1; 2Tessalonicenses 1.1; e 1Pedro 5.12.

Simeão Um homem justo, em Jerusalém, que recebeu uma visão de que ele contemplaria o Messias. Depois de ver Jesus, ele ofereceu uma oração de louvor e profetizou sobre o papel de Jesus para com Israel. Veja Lucas 2.25-34.

Tiago, irmão de Jesus Líder proeminente na igreja de Jerusalém após a ressurreição de

Jesus. Trabalhou mais tarde com Paulo, no Concílio de Jerusalém, e é o provável autor da Carta de Tiago. Veja Atos 15 e Tiago.

Tiago, o discípulo Filho de Zebedeu, irmão mais velho de João, e um dos doze apóstolos de Jesus. Ele foi morto por Herodes Agripa I em 40 d.C. Veja Mateus 4.21; Marcos 1.19, 29; 3.17-18; 10.35-41; e Atos 12.2.

Timóteo Um dos mais confiáveis colaboradores de Paulo. Ele se tornou crente durante a primeira viagem missionária de Paulo e o acompanhou durante grande parte da continuação de seu ministério. Timóteo é mencionado como "corremetente" em muitas das cartas de Paulo e serviu fielmente em várias localidades. Paulo se refere a Timóteo como "meu amado filho" (2Timóteo 1.2) e enviou-lhe duas cartas (1 e 2Timóteo) perto do fim de sua vida. Veja Atos 16-20; Romanos 16.21; 1Coríntios 4.17; 16.10; 2Coríntios 1; Filipenses 1-2; Colossenses 1.1; 1Tessalonicenses 1-3; 2Tessalonicenses 1.1; e 1 e 2Timóteo.

Tito Um cristão gentio e colega de trabalho de confiança de Paulo. Ele foi responsável pela coleta para a igreja de Jerusalém, levou a carta de Paulo (2 Coríntios) àquela difícil igreja e ministrou em lugares difíceis (por exemplo, Creta). Veja 2Coríntios 2.13; 7.6-8: 23; 12.18; Gálatas 2.1-3; 2Timóteo 4.10; e Tito 1.4.

Tomé Um dos doze discípulos de Jesus, também conhecido como "Dídimo" (o gêmeo). Ele se recusou a acreditar na ressurreição de Jesus ("incrédulo Tomé"), até que Jesus apareceu-lhe; Tomé, então, o confessou como seu Senhor e Deus. Veja Mateus 10.3; Marcos 3.18; Lucas 6.15; e João 11.16; 14.5; 20.24-28; 21.2.

Créditos de imagens

A menos que indicado o contrário, as fotos são copyright © da Baker Publishing Group e Dr. James C. Martin. Salvo indicação em contrário, as ilustrações e os mapas são copyright © da Baker Publishing Group.

Créditos adicionais

Fotos nas páginas 28, 34, 38, 40 (ambas as imagens), 44, 46 (canto inferior), 48 (canto inferior), 50 (canto inferior), 52 (canto inferior), 54 (ambas as imagens), 56 (canto inferior), 59, 60, 61 (canto inferior), 66, 133 são copyright © Baker Publishing Group e Dr. James C. Martin. Cortesia do Museu Britânico, Londres, Inglaterra.

Foto na página 29 é copyright © Baker Publishing Group e Dr. James C. Martin. Coleção do Museu de Israel, Jerusalém, e cortesia da Israel Antiquities Authority, exibida no Museu de Israel, Jerusalém.

Fotos nas páginas 27, 46 (canto superior), 64, 134 são copyright © Baker Publishing Group e Dr. James C. Martin. Cortesia do Musée du Louvre; Autorisation de photographer et de filmer—LOUVRE, Paris, França.

As fotos nas páginas 42 e 57 estão protegidas por copyright © Baker Publishing Group e Dr. James C. Martin. Cortesia do Museu Arqueológico de Istambul, Ministério das Antiguidades da Turquia.

Foto na página 62 é copyright © Baker Publishing Group e Dr. James C. Martin. Cortesia do Instituto Oriental da Universidade de Chicago.

Foto na página 51 é copyright © Direct Design.

Foto na página 36 é copyright © John A. Beck.

Foto na página 130 é copyright © Nevit Dilmen / Wikimedia.